Fiche de lecture illustrée

La Vague

de Todd Strasser

par Frédéric Lippold

TABLE DES MATIERES

***Note** : si vous souhaitez travailler sur la version numérique de la fiche de lecture (pour l'étudier sur votre ordinateur, par exemple), n'hésitez pas à nous écrire à l'adresse e-mail contact@exercices-a-imprimer.com pour que nous vous puissions vous envoyer le fichier correspondant.*

Présentation de l'auteur

Biographie de Todd Strasser

Todd Strasser est un écrivain américain né en 1950 à New York.

Marié, il est aujourd'hui père de deux grands enfants.

Lorsqu'il était jeune, ses parents déménagèrent dans le quartier de Roslyn Heights, un quartier plutôt chic à l'est de Manhattan. À l'école, il avait de très bons résultats en mathématiques et en sciences, et aimait également **lire**.

Il s'inscrivit à la ***New York University*** (la plus grande université privée des Etats-Unis, avec plus de 60 000 étudiants pour l'année 2018), mais la déserta rapidement. À l'époque, il était adepte d'une secte (l'Église de Scientologie) et fréquentait des hippies (individus rejetant « *les valeurs traditionnelles, le mode de vie de la génération de leurs parents et la société de consommation* »).

Plus tard, il se décide à partir **voyager en Europe** et devient **musicien de rue.** En 1972, son cousin décède d'une overdose. C'est un choc pour lui. Il retourne aux Etats-Unis et décide de se mettre sérieusement au travail. Il entre alors au ***Beloit College***, une université située dans le Wisconsin, près de Chicago (région des Grands Lacs). Il étudie alors la langue anglaise et se concentre surtout sur la littérature et de l'écriture.

Diplômé en 1974, il commence à travailler en tant que journaliste et publicitaire. Il publie son premier roman, *Angel Dust Blues*, en 1979. Cet ouvrage lui permet de dégager quelques revenus, qui l'aident à lancer une entreprise baptisée *Dr. Wing Tip Shoo*, spécialisée dans les « biscuits chinois », appelés « **biscuits de fortune** » en anglais (*Fortune cookie*). Ce sont des biscuits contenant un message. Grâce à sa société, Todd Strasser a réussi à gagner assez d'argent pour pouvoir se consacrer à son travail d'écrivain durant les 12 années suivantes !

Comme l'a dit malicieusement Todd Strasser : « La seule personne qui fait fortune grâce aux biscuits de la fortune chinois, c'est son fabricant ! »

Par la suite, il écrit une grande variété de **livres à destination des jeunes adultes**. Il réalise aussi des adaptations pour des films comme *Sauvez Willy, Jumanji* ou encore *Star Wars : Episode 1*.

Il rédige une série de 17 livres nommée *Help! I'm Trapped* (1993) ainsi que d'autres ouvrages au ton plus sérieux. On retrouve ainsi les thèmes suivants :

- **Les risques de la conduite en état d'ivresse** dans *The Accident* (1988) ;
- **Le danger des armes à feu** dans *Give a Boy a Gun* (2000) ;
- **La hiérarchie au lycée et les jeunes « populaires »** dans *CON-fidence* (2002) ;
- **Les jeunes sans domicile fixe** dans *Can't Get There From Here* (2004).

Son livre le plus célèbre est bien évidemment ***La Vague*** (*The Wave*), publié en 1981.

Todd Strasser n'a pas inventé l'histoire de ce roman : il s'est inspiré d'une **expérience réelle** qui a donné lieu à un article de magazine, puis à un téléfilm. Enfin, l'écrivain en a fait une adaptation littéraire.

Cet auteur prolifique a publié **plus de 140 romans et nouvelles**, et a gagné de nombreux prix littéraires !

Todd Strasser en 2006, lisant son roman « Boot Camp » dans le lycée de Langenau (Allemagne)

Contexte de l'œuvre

Contexte historique jusqu'aux années 70

Le XXème siècle est traversé par les horreurs des **deux guerres mondiales**.

La Seconde Guerre mondiale (1939-1945) fut un traumatisme encore plus grand que la Première Guerre mondiale (1914-1918). Le nombre de morts y fut plus élevé : environ 18 millions pour le premier conflit, contre **plus de 60 millions** pour le second !

Les horreurs de la Seconde Guerre mondiale sont encore plus grandes : pendant la première, les populations furent effrayées par les nouvelles armes, comme les obus, bombes et gaz toxiques, avions et tanks. Les « **Gueules Cassées** », hommes défigurés par ces armes, sont emblématiques du premier conflit.

Le second conflit va encore plus loin, avec encore davantage de victimes, des déportations dans les camps de concentration qui entraîneront des millions de morts, et l'usage de la bombe atomique les 6 et 9 août 1945 sur les villes japonaises d'Hiroshima et de Nagasaki.

Ces événements dramatiques provoquent un vif émoi au sein de la population mondiale. On remet en cause la supériorité auto-proclamée du monde occidental (les mouvements anti-colonialistes et anti-impérialistes prennent de l'ampleur).

Au niveau philosophique, on prend conscience des **limites du monde moderne** : l'homme censé être développé a fait preuve d'une **barbarie inouïe, inimaginable jusqu'alors**. Nous avons la possibilité de nous détruire nous même à grande échelle.

Plus encore, on ne comprend pas le **laisser-faire** des populations : comment ont-elles fermé les yeux sur les barbaries commises par leurs dirigeants ? La question se pose particulièrement pour le Troisième Reich, qui a pu ouvrir et faire fonctionner 24 camps de concentration (et plus de 1.000 « sous-camps ») sans rencontrer d'opposition réelle.[1]

Après le conflit, les peuples ont du mal à se projeter dans le futur, dans un monde **en pleine mutation**. Les années 50 à 70 sont tout de même marquées par une croissance économique forte, qu'on appellera les **Trente Glorieuses**.

---

[1] Chiffres de l'inspection des camps de concentration (*Inspektion der Konzentrationslager*, IKL), administration centrale SS ayant autorité sur les camps de concentration du Troisième Reich.

Contexte politique et économique dans les années 70-80

À partir des années 70, le **climat économique mondial se dégrade**. En cause notamment : le **choc pétrolier**, qui voit le prix du pétrole augmenter brutalement en 1971, puis en 1973 et 1979.

L'explosion du prix du pétrole entraîne une diminution des réserves d'essence.
Sur la pancarte, on lit « Pénurie d'essence ! Ventes limitées à 10 gallons (37 litres) d'essence par client » (1973).

De 1973 à mars 1974, **le prix du pétrole aux Etats-Unis a augmenté de 400 %** ! (de $4 à $12 le baril). L'économie a ralenti, car les ressources pétrolières sont essentielles pour les échanges (on l'utilise pour l'essence, le kérosène, l'alimentation des bateaux, le plastique…).

Les raisons de ces chocs pétroliers et du ralentissement économique sont multiples : guerre du Vietnam (1955-1975), abandon des **accords de Bretton Woods** en 1971 (fin de l'étalon-or pour le dollar), **guerre du Kippour** opposant Israël à l'Egypte et la Syrie (1973), puis **Révolution iranienne** (1979) aboutissant à la guerre Iran-Irak (1980-1988).

La baisse de la croissance et de l'activité économique semble marquer la fin du « **rêve américain** ». Néanmoins, grâce au **crédit bancaire**, la croissance sera stimulée (avec une grave conséquence, l'endettement : les Etats-Unis ont une **dette de 22 milliards de dollars** en 2019 et les Américains sont généralement assez endettés… !)

Le roman de Todd Strasser, *La Vague*, évoque cette situation morose dans le chapitre 16 : « (...) *notre pays vient de traverser une décennie au cours de laquelle une inflation[2] à deux chiffres a* ***fortement pénalisé l'économie****. Le* ***taux de chômage*** *atteint régulièrement un seuil alarmant et le* ***taux de criminalité*** *n'a jamais été aussi élevé.* ***Le moral des Etats-Unis est au plus bas.*** »

À cette époque, les jeunes rejettent l'ordre établi et protestent contre les injustices du système politique. Ils luttent par exemple **contre la guerre du Vietnam**.

Un sentiment de fragilité et d'incertitude est alors bien présent. Todd Strasser voulait précisément retranscrire ce climat dans son œuvre, comme il l'évoque en 2016[3] : « ***Je pense que pour beaucoup de gens, ce fut aussi une période compliquée. Les gens ne savaient pas où allait le pays, ils ne savaient pas ce qui allait arriver à leurs enfants*** ».

Contexte littéraire

Le XXème siècle est marqué par une **activité littéraire assez vive**.

On peut noter **plusieurs tendances**, qu'on regroupera en trois parties : des **témoignages** (1), des **tentatives d'explication** des événements (2), et des **expérimentations de mouvements littéraires nouveaux**, valorisant la **rupture** avec les écrits classiques (3).

Le témoignage

Beaucoup d'individus vont **partager leur expérience douloureuse** de la guerre.

Concernant la Seconde guerre mondiale, on peut citer plusieurs œuvres marquantes, parmi de nombreuses autres :

- ***Le journal d'Anne Frank*** (1947) : ce journal intime a été écrit entre 1942 et 1944 par Anne Frank, une jeune fille juive d'origine néerlandaise. On y vit son quotidien, d'abord en tant que jeune fille naïve, puis en tant qu'adolescente vivant cloîtrée avec sa famille dans un logement, prise par la peur d'être dénoncée et arrêtée par la police. Une personne les dénonce : la famille est arrêtée en août 1944 et envoyée en camp de concentration. Anne et sa sœur vont mourir d'une maladie, le typhus. Seul le père d'Anne reviendra des camps.

---

[2] L'inflation est la **hausse des prix**, exprimée en pourcentage.

[3] *"I think for many people it was also an uncomfortable time. People didn't know where the country was going, they didn't know where the kids were going"*, Interview de Todd Strasser par Claire Landsbaum, Complex.com, 2016.

Notons qu'Anne Frank est évoquée dans le chapitre 12, par Cari (« *On dirait que j'ai trouvé le grenier d'Anne Frank* », lorsqu'il retrouve Laurie et Alex). C'est un hommage à cette adolescente victime de la barbarie nazie.

Extrait du journal d'Anne Frank

- ***Si c'est un homme***, écrit par Primo Levi, 1947. Ce livre est saisissant à de nombreux égards. D'abord, l'auteur (un chimiste juif italien) a un **recul étonnant** par rapport à ce qu'il a vécu : il publie le livre 2 ans après sa libération du camp d'Auschwitz-Birkenau (Pologne), avec un regard froid. On peut en tirer plusieurs leçons.

Primo Levi (1919-1987), pris en photo en 1960.

D'abord, les **prisonniers se montrent assez rudes** entre eux : c'est **la survie ou la mort**. En plus de cela, ils souffrent de **gardiens impitoyables** : les prisonniers sont encadrés par d'autres prisonniers de droit commun qu'on appelle « **kapos** ». Ces derniers veulent se faire bien voir des gardes SS et se montrent souvent très cruels envers les autres détenus sous leurs ordres.

Parallèlement, une **micro-société** se crée dans les camps, avec des **dominants et dominés** (que Levi appelle « *naufragés et rescapés* »), du **troc** (un marché noir se crée), des gardes corrompus…

De façon surprenante, **ce ne sont pas forcément les plus forts physiquement qui s'en sortent** : des gens d'apparence faible ont parfois de **grandes ressources** et résistent aux maladies et à la faim. D'autres, qui paraissent plus forts, peuvent être parmi les premiers à s'effondrer et à être « sélectionnés » pour être exécutés (à cause d'une maladie ou d'une simple infection, par exemple).

On observe que certaines personnes font preuve d'une grande intelligence pour servir leurs intérêts et ne pas être conduits à la mort. Certaines **amitiés subsistent** et des **gestes héroïques** se produisent pourtant dans la pire des situations (on peut penser à l'aide apportée par Lorenzo, un homme plein de bonté).

Enfin, le hasard et la chance (ou la malchance) interviennent souvent pour déterminer le destin heureux ou tragique des prisonniers.

Ce récit de Primo Levi a marqué des générations, et a décrit avec de nombreux détails **l'horreur des camps de concentration nazis**.

Entrée du camp de concentration d'Auschwitz (Pologne).
*On y lit : „Arbeit macht frei" (« Le travail rend libre »), devise glaciale qu'on trouvait devant les „**KZ**" (**K**onzentrationslager = camps de concentration).*

- ***L'Espèce Humaine***, écrit par Robert Antelme, 1947 : ce livre est le témoignage saisissant d'un résistant français déporté dans un camp de travail allemand. Il y expose la difficulté des conditions de travail, la dureté des gardiens, les privations et violences que les détenus subissaient, et la terrible marche de la mort lorsqu'ils ont fui le camp avec les soldats nazis.

Robert Antelme (1947-1990)

Les tentatives d'explication

Certains ont tenté d'expliquer les raisons d'un tel drame humain. D'autres ont essayé de le dépasser en s'interrogeant sur le vrai sens de l'existence humaine.

- ***Origines du totalitarisme*** *et* ***La banalité du mal***, par Hannah Arendt (1906-1975). Le second ouvrage apporte un éclairage intéressant mais controversé. Lors du jugement de l'ancien nazi **Adolf Eichmann** (enlevé par les services secrets israéliens en Argentine puis amené à Jérusalem pour être jugé), elle tente d'expliquer comment la machine nazie a pu fonctionner. Elle défend l'idée

qu'Eichmann, bien qu'haut placé parmi les SS, n'était en définitive qu'un fonctionnaire travailleur et méthodique, qui exécutait sa tâche loyalement et sans discuter. Il était **entièrement soumis à l'autorité** et n'utilisait plus son sens critique. Il obéissait à ce que l'État national-socialiste lui demandait.

Hannah Arendt en a tiré une conclusion : un système violent et totalitaire peut survivre et prospérer grâce à de nombreux hommes et femmes à l'image d'Eichmann, des gens soumis qui **ne se soucient généralement pas des conséquences de leurs actes** (ou ne veulent pas les voir).

Pour éviter que de tels drames se reproduisent, les citoyens doivent **rester vigilants**, et **s'élever contre les autorités** si ces dernières abusent de leurs pouvoirs, ou exigent des choses inacceptables.

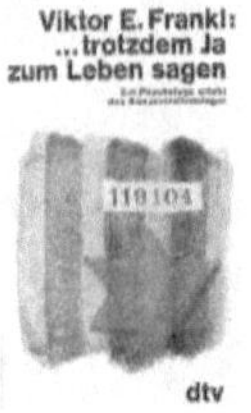

- ***Trotzdem Ja zum Leben sagen: Ein Psychologe erlebt das Konzentrationslager*** (litt. « *Dire "oui" à la vie malgré tout : un psychologue endure le camp de concentration* », traduit en français par « ***Découvrir un sens à sa vie avec la logothérapie*** »), par Viktor Frankl, 1946.

Viktor Frankl (1905-1997) était un psychologue juif autrichien, qui fut envoyé en camp de concentration. Vivant dans les pires conditions, il a réfléchi au but de la vie. Il en a déduit que si l'homme trouve du sens à sa vie, et veut lui donner un sens positif, cela l'aide à aller de l'avant et à s'accomplir. La **vision optimiste du futur peut permettre d'oublier une situation difficile voire dramatique** qu'on est en train de vivre (ce qui fut le cas de Frankl : en se projetant vers l'avenir et s'imaginant professeur et conférencier, il s'échappait de sa situation tragique).

« On peut tout enlever à un homme, sauf une chose, la dernière des libertés humaines : celle de choisir son attitude par rapport à n'importe quelle situation donnée, celle de choisir sa propre attitude » - ***Viktor Frankl***

Les expérimentations littéraires

D'autres auteurs ont réagi, de façon variée, à la perte de repères liées au XXème siècle. Ces écrivains ont ainsi créé le **surréalisme**[4] ainsi que l'**absurde**.

Le mouvement de l'absurde est une tentative de réponse à la question : « ***quel est le sens de la vie ?*** ». N'y voyant pas, certains auteurs mettent en scène des **personnages perdus**, en détresse, ne comprenant pas vraiment le pourquoi de leur existence. Ils considèrent **l'art** (écriture, peinture, musique...) comme le moyen de choix pour échapper à une vie qu'ils pensent **absurde, sans but**.

L'**absurde** est une part intégrante du « **Nouveau Théâtre** », courant théâtral répandu dans la deuxième moitié du XXème siècle. Ses dramaturges[5] marquants sont **Samuel Beckett** (1906-1989), **Eugène Ionesco** (1909-1994), **Genet** (1910-1986) ou **Adamov** (1908-1970).

Dans un autre ordre, on peut penser à l'art plastique et en particulier à la **bande dessinée** : le dessinateur américain **Art Spiegelman** a réalisé entre 1980 et 1991 la bande dessinée « **Maus** » (*Souris*, en allemand), une allégorie de la situation des juifs à l'époque : les détenus sont des souris, surveillés et traqués par des chats (les nazis). C'est une série appartenant à de multiples catégories : à la fois biographie et autobiographie, mémoires, témoignage historique ou récit de fiction.

---

[4] Le surréalisme évoque l'idée de libérer l'homme et la littérature du contrôle de la raison : l'art devient un moyen de révolte et d'expression libre. Des thèmes variés sont abordés, comme l'inconscient, l'amour et le désir, l'imagination et le rêve.

[5] Un dramaturge est un auteur de pièces de théâtre.

Origines et prolongements de l'œuvre

Aux origines du roman : une expérience réelle

Une expérience de psychologie pratique a été menée dans le **lycée Cubberley** à Palo Alto (dans l'Etat de Californie, aux États-Unis), en 1967, par le professeur d'histoire **Ron Jones.**[6]

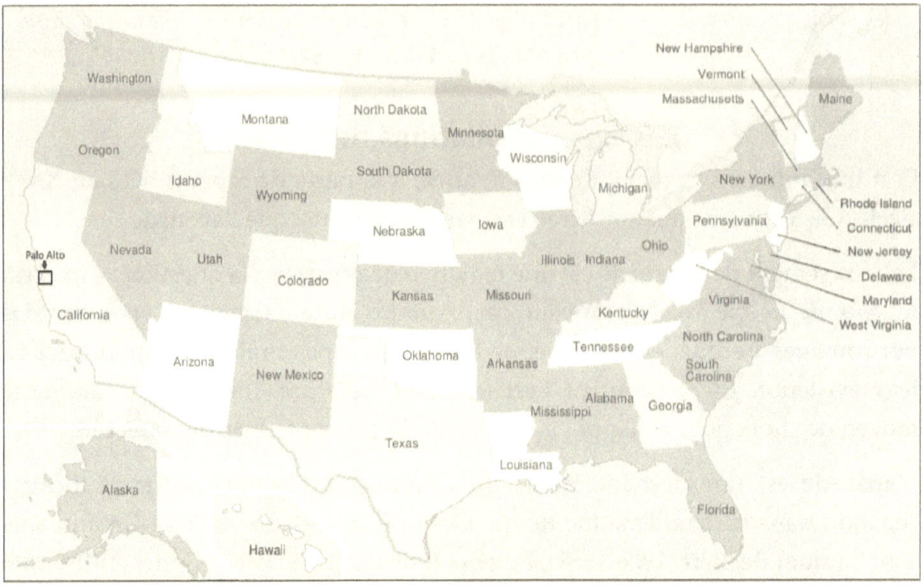

La municipalité californienne de Palo Alto se situe tout près de San Francisco.

Ce lycée a fermé en 1979 : aujourd'hui, c'est un **centre culturel**. Le lieu a été rebaptisé ***Cubberley Community Center*** en 1990.

L'ancien lycée Cubberley (États-Unis)

---

[6] Le nom complet du lycée était « ***Ellwood P. Cubberley high school*** ».

Le professeur Ron Jones initia l'expérience de **la Troisième Vague** dans la première semaine d'avril 1967, suite à un cours sur l'Allemagne nazie. Il n'arrivait pas à expliquer à ses élèves comment des millions d'Allemands avaient pu suivre aveuglément leur dirigeant Adolf Hitler dans ses projets sinistres. Parmi eux, il y avait la **persécution de nombreuses populations** : les Juifs mais aussi les handicapés, les Roms et Tsiganes, les Slaves, les homosexuels, les communistes, les opposants politiques... Le peuple savait plus ou moins que des violences et emprisonnements avaient lieu, **mais n'a pas réagi de façon massive et organisée**.

Ron Jones voulait prouver aux élèves qu'eux-mêmes pouvaient être victime d'une manipulation. Mais comment y parvenir ?

Pour ce faire, il créa un **mouvement intitulée « *The Third Wave* » (La Troisième Vague)**. Ce rassemblement **glorifiait la discipline, la communauté et l'égalité**. Il prétendait aussi vouloir **détruire la démocratie**, décrite comme un mauvais régime car **trop individualiste** : l'individu a une place trop importante par rapport à la communauté.

Photo d'époque du professeur Ron Jones

L'expérience ne devait durer qu'un jour, mais devant l'enthousiasme des élèves, elle s'étendit sur **une semaine**.

Ron Jones écrivit un article sur cette expérience sociale dans le magazine *Whole Earth Catalog* en 1972. D'autres revues en parlèrent aussi.

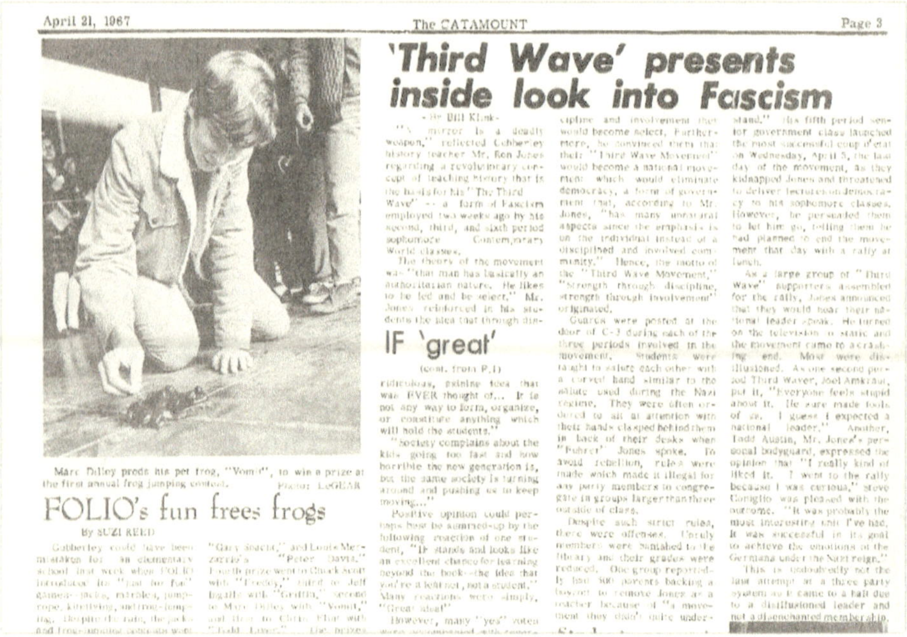

April 21, 1967 — The CATAMOUNT — Page 3

'Third Wave' presents inside look into Fascism

- By Bill Klink -

"A mirror is a deadly weapon," reflected Cubberley history teacher Mr. Ron Jones regarding a revolutionary concept of teaching history that is the basis for his "The Third Wave" -- a form of Fascism employed two weeks ago by his second, third, and sixth period sophomore Contemporary World classes.

The theory of the movement was "that man has basically an authoritarian nature. He likes to be led and be select." Mr. Jones reinforced in his students the idea that through discipline and involvement they would become select. Furthermore, he convinced them that their "Third Wave Movement" would become a national movement which would eliminate democracy, a form of government that, according to Mr. Jones, "has many unnatural aspects since the emphasis is on the individual instead of a disciplined and involved community." Hence, the motto of the "Third Wave Movement," "Strength through discipline, strength through involvement" originated.

Guards were posted at the door of C-3 during each of the three periods involved in the movement. Students were taught to salute each other with a curved hand similar to the salute used during the Nazi regime. They were often ordered to sit at attention with their hands clasped behind them in back of their desks when "Fuhrer" Jones spoke. To avoid rebellion, rules were made which made it illegal for any party members to congregate in groups larger than three outside of class.

Despite such strict rules, there were offenses. Unruly members were banished to the library and their grades were reduced. One group reportedly had 500 parents backing a boycott to remove Jones as a teacher because of "a movement they didn't quite understand." His fifth period senior government class launched the most successful coup d'etat on Wednesday, April 5, the last day of the movement, as they kidnapped Jones and threatened to deliver lectures on democracy to his sophomore classes. However, he persuaded them to let him go, telling them he had planned to end the movement that day with a rally at lunch.

As a large group of "Third Wave" supporters assembled for the rally, Jones announced that they would hear their national leader speak. He turned on the television to static and the movement came to a crashing end. Most were disillusioned. As one second period Third Waver, Joel Amkraut, put it, "Everyone feels stupid about it. He sure made tools of us. I guess I expected a national leader." Another, Todd Austin, Mr. Jones's personal bodyguard, expressed the opinion that "I really kind of liked it. I went to the rally because I was curious." Steve Coniglio was pleased with the outcome. "It was probably the most interesting unit I've had. It was successful in its goal to achieve the emotions of the Germans under the Nazi reign."

This is undoubtedly not the last attempt at a three party system as it came to a halt due to a disillusioned leader and not a disenchanted membership.

IF 'great'

(cont. from P.1)

ridiculous, asinine idea that was EVER thought of... It is not any way to form, organize, or constitute anything which will hold the students."

"Society complains about the kids going too fast and how horrible the new generation is, but the same society is turning around and pushing us to keep moving..."

Positive opinion could perhaps best be summed-up by the following reaction of one student, "It stands and looks like an excellent chance for learning beyond the book--the idea that you're a learner, not a student." Many reactions were simply, "Great idea!"

However, many "yes" votes [illegible]

Marc Dilley prods his pet frog, "Vomit", to win a prize at the first annual frog jumping contest. Photo: LeGEAR

FOLIO's fun frees frogs

By SUZI REED

Cubberley could have been mistaken for an elementary school last week when FOLIO introduced its "just for fun" games--jacks, marbles, jump-rope, kite-flying, and frog-jumping. Despite the rain, the jacks and frog-jumping contests went [illegible] "Gary Snacht," and Louis Merzario's "Peter Davis." Fourth prize went to Chuck Scott with "Freddy," third to Jeff Ingalls with "Griffin," second to Marc Dilley with "Vomit," and first to Chris Flint with "Todd Lover." The prizes [illegible]

Article consacré à l'expérience de Ron Jones, dans l'édition du 21 avril 1967
(crédits photo : Cubberley Catamount archives)

Aujourd'hui, il existe quelques zones d'ombre sur cette expérience. Certains détails et témoignages sont contradictoires.

La première adaptation télévisuelle en 1981

Cette expérience a été remarquée et le scénariste Johnny Dawkins élabore une histoire (Ron Jones ne participe à l'élaboration du scénario). En 1981, le téléfilm *la Vague* (La Vague) est diffusé. Il reçoit deux prix : un *Peabody Award* en 1981 et un prestigieux *Emmy Award* en 1982.

« *La Vague* » de Todd Strasser : une adaptation de l'adaptation

Todd Strasser apprécie cette histoire et **décide de l'adapter sous le format littéraire** : il publie en 1981 un livre au même titre (*The Wave*) sous le pseudonyme de Morton Rhue. C'est une **version romancée et augmentée** du téléfilm.

Notons que Todd Strasser admet n'avoir **jamais rencontré Ron Jones**.

Adaptations ultérieures

Cette histoire a donné lieu, plus tard, à de nombreuses adaptations sous forme de pièces de théâtre, de productions télévisuelles et même de comédies musicales !

La plus célèbre adaptation d'entre elles est sans aucun doute le film allemand *Die Welle* (*La Vague*) sorti en 2008. Ce film fut un **grand succès**. Le film a une **tonalité davantage dramatique**, puisque dans la version classique du film, le jeune représentant l'élève rejeté finit par se suicider avec une arme à feu (dans une seconde version, il tombe en pleurs dans les bras de son professeur).

Image tirée du film **Die Welle** (*La Vague*, 2008)

Publication et réception de l'œuvre

Le livre paraît en 1981 pour la première fois. Assez rapidement, il commence à être un **livre étudié dans les écoles allemandes**. Aux États-Unis, c'est un peu plus tard qu'il sera également discuté dans les salles de classe.[7]

Cet ouvrage a connu un grand succès, avec 1 500 000 d'exemplaires vendus.

---

[7] Interview de Todd Strasser par Claire Landsbaum, Complex.com, 2016.

Personnages principaux

Laurie Saunders

Laurie est une **lycéenne intelligente et sociable**. Elle est scolarisée au lycée Gordon. C'est une fille jolie et souriante, aux cheveux châtains coupés courts. Elle est proche de ses parents.

Elle est aussi **rédactrice-en-chef** du journal de l'école, appelé le *Gordon Grapevine*[8]. C'est une des filles les plus populaires du lycée.

Élève dans le cours d'histoire de Ben Ross, elle devient la **principale opposante** au mouvement la Vague. Au départ, elle appréciait l'idée de ce groupe, mais elle en devient peu à peu hostile et entre en lutte contre lui.

Ben Ross

Ben Ross est un **professeur d'histoire** assez jeune, intelligent et énergique. Il est populaire parmi ses étudiants, étant sympathique et accessible. Cela fait **deux ans** qu'il enseigne au lycée Gordon, tout comme son épouse. M. Ross travaille beaucoup pour rendre l'enseignement intéressant.

Dans le cadre de ses cours, il va créer un **groupe** appelé « *La Vague* ».

Pourquoi ? Car il souhaite expérimenter avec ses élèves les mouvements de masse de type **fasciste**. Pour simplifier, le fascisme est un système politique centré avec un **État très fort** centré autour d'un **dirigeant**, avec généralement un **parti politique unique**, des idées nationalistes et populistes (qui flattent le peuple). Ce système rejette souvent les contestataires et regroupe les individus autour **d'idées parfois violentes**, de **slogans**, d'**images** et d'**emblèmes** (qui permettent de créer une **identité de groupe**, un sentiment d'appartenance).

Il veut essayer de recréer les conditions des années 1930, qui ont permis l'émergence de partis politiques de type fasciste, comme l'**Italie** de Mussolini (1883-1945, à gauche sur l'image), ou l'**Allemagne** d'Adolf Hitler (1889-1945, à droite).

Ben Ross crée un slogan fort :

La Force par la Discipline,
La Force par la Communauté,
La Force par l'Action.

---

[8] "***Grapevine***" signifie « **vigne** » en anglais, mais on utilise aussi ce mot en anglais pour l'expression « **téléphone arabe** », c'est-à-dire la transmission rapide d'informations par le bouche à oreille.

Même si M. Ross est bien intentionné, il va être quelque peu **dépassé par son expérience.** Il pense pouvoir orienter la Vague dans un bon sens, mais très vite son aspect totalitaire va dégénérer. Ben Ross **perd le contrôle** de sa création.

De plus, **il perd aussi, en quelque sorte, le contrôle de lui-même**. En effet, il est victime de son propre égo : il prend un certain plaisir à avoir de l'influence sur les jeunes, et de bénéficier d'autant d'attention (comme lorsque Robert devient son garde du corps au chapitre 11). Cette faiblesse est assez vive chez ce jeune professeur, qui éprouve un **besoin de reconnaissance** de la part de la société.

Heureusement, parvient à clôturer l'expérience avec succès grâce à la mise en scène finale. Il se défait de son nouveau statut de dirigeant, voire de gourou.

David Collins

Élève au lycée Gordon, David est aussi le capitaine de l'équipe de football américain. C'est le petit-copain de Laurie, et il est aussi dans sa classe Ce jeune est **épanoui et apprécié.** David adhère au groupe la Vague et y met toutes ses espérances, car il espère qu'elle aidera à gagner les matchs de son équipe. C'est un garçon un peu **idéaliste** (il a de bonnes valeurs et se montre tolérant).

Il devient rapidement membre de la Vague. Il réagit mal quand il lit l'article critique de Laurie contre le mouvement. Au chapitre 15, il lui demande d'arrêter ses attaques contre la Vague. Laurie refuse et David s'emporte : il pousse Laurie qui tombe à terre. Cet acte est un électrochoc : **David réalise son erreur**. Il se réconcilie avec Laurie et eux deux vont demander à M. Ross de stopper la Vague.

Désagréablement surpris par le plan apparent de Ben Ross, ils sont satisfaits lors du dernier chapitre : Ben Ross avait un plan secret pour faire éclater la vérité. À la fin de l'histoire, David a renforcé ses liens avec Laurie et se réconcilie avec l'équipe de foot.

Robert Billings

Elève au lycée Gordon, il est **timide**, **fragile** et a de **mauvaises notes.** Il n'est pas à la hauteur de son grand frère Jeff et se sent **inférieur**. Il n'a pas beaucoup d'amis dans son lycée et est **rejeté** : c'est même le souffre-douleur de Brad.

Lorsque le groupe « *La Vague* » est créé, il y adhère tout de suite. « *La Vague* » devient sa **nouvelle raison de vivre** : il se sent exister dans ce rassemblement et est même un élément moteur de ce groupe.

Pour la première fois, il n'est pas rejeté : on l'accepte et il s'épanouit, mais devient **fanatique** : il n'a plus de sens critique et est totalement absorbé par ce groupe. Il devient un des **meneurs** et se montre **très protecteur envers la Vague**. De plus, il est **sévère et menaçant** contre les sceptiques (comme Laurie).

Les souffrances de Robert Billings font penser à celles du peuple allemand. En effet, le peuple allemand a été assez méprisé et maltraité, surtout au sortir de la Première Guerre mondiale. Le Traité de Versailles de 1919 a imposé des punitions très dures à l'Allemagne, si bien que le peuple allemand s'est senti **humilié** (ce traité fut appelé ***Diktat*** en Allemagne, **c'est-à-dire un traité imposé par la force**). Beaucoup d'Allemands nourrissaient une **volonté de revanche**, qui a pu s'exprimer avec l'émergence du mouvement national-socialiste d'Adolf Hitler.

Le pouvoir nazi a permis aux Allemands d'être de nouveau au premier plan sur la scène internationale. Les nationaux-socialistes ont redressé l'économie, favorisé une politique familiale et remilitarisé le pays. Le taux de chômage passe ainsi de 30% en 1932 à 3% en 1939, ce qui est une franche réussite. Toutefois, cela s'est fait au prix d'un abandon de certaines libertés. De plus, la politique du IIIème Reich fut très dure envers certaines minorités (en premier lieu les Juifs). En outre, la stratégie militaire du pouvoir a entraîné d'atroces souffrances pour le peuple allemand, et le peuple européen en général.

Le « *fondateur et leader national de la Vague* »

Ce « personnage » apparaît au chapitre 16. Ben Ross fait croire à ses élèves que ce *leader* existe et qu'il apparaîtra sur les écrans. En réalité, c'est un personnage fictif : à la place de ce personnage, les élèves verront Adolf Hitler sur les écrans, au dernier chapitre (le chapitre 17).

Personnages secondaires

Amy Smith

C'est la meilleure amie de Laurie. Elle est à la fois l'élève de M. Ross et de M. Gabondi. Toutefois, elle se sent un peu inférieure à son amie Laurie et fait tout pour être à son niveau. La Vague révèle ce sentiment de jalousie jusque-là dissimulé. Amy va critiquer Laurie au chapitre 14. Pour elle, Laurie n'aime pas la Vague à cause de l'égalité entre les élèves que la Vague a installée ; à cause de la Vague, Laurie n'est plus la « *petite princesse du lycée* ». Une cassure s'est faite entre elles.

Au dernier chapitre, Amy comprend qu'elle s'est dangereusement laissée entraîner par la Vague. Elle éclate en sanglots et serre Laurie dans ses bras : les deux filles se réconcilient.

Brad

Lycéen, il est élève de Ben Ross et avait l'habitude de **persécuter** Robert Billings.

Il devient membre de la Vague. Les relations se normalisent avec le souffre-douleur Robert. Au chapitre 13, il contrôle les gradins : il veille à ce que les spectateurs fassent le salut de la Vague. Il a alors une petite altercation avec Laurie, car elle ne veut pas faire le salut. Finalement, il la laisse passer et la met en garde.

Brad incarne **le suiveur**. Il n'est pas un élément moteur de la Vague, mais n'est pas assez fort pour y résister. **Il suit donc le mouvement**, comme un mouton, même si au fond de lui il n'est pas vraiment d'accord avec les idées.

Il pourrait symboliser la masse du peuple, qui se soumet assez facilement aux ordres du pouvoir sans oser se rebeller.

Jeff Billings

C'est le grand frère de Robert Billings. On ne le voit jamais dans l'histoire mais il hante les pensées de Robert. En effet, Jeff était un élève brillant et un garçon athlétique, à l'inverse de Robert. Ce dernier a un **complexe d'infériorité** : il se sent rabaissé par rapport à Jeff.

Brian Ammon

Brian est en terminale, c'est un élève de Ben Ross. Il joue aussi dans l'équipe de football américain du lycée, au poste de *quarterback* (poste offensif, c'est celui qui dirige l'attaque).

Au chapitre 12, Brian se bat avec un autre garçon, Deutsch.

Le principal Owens

C'est le principal du lycée. Il devient la voix de la communauté, dans le roman. C'est lui qui rappellera à l'ordre M. Ross, et relaiera les craintes des parents.

C'est un **homme grand et chauve**, qui tient souvent une pipe à la bouche.

Cari Block

C'est un lycéen, il est « *reporter d'investigation* » (chap. 3) au journal *Gordon Grapevine*. C'est un des farceurs du lycée, avec Alex Copper. C'est un « *grand type blond plutôt mince* » (chap. 3).

Il semble assez intelligent et perspicace. Il n'a pas peur de s'opposer à la Vague.

Il sera, avec Alex, l'allié du professeur Ben Ross pour organiser le meeting final.

Alex Cooper

Lycéen, c'est le journaliste consacré à la musique pour le *Gordon Grapevine*. Il est « *brun et trapu* » et fait partie, avec Cari, du « *duo de farceurs le plus célèbre du lycée* » (chap. 3).

Alex se révèle être un **véritable résistant**. Au chapitre 13, il affirme sa détermination à lutter contre la Vague : « *Je jure de combattre la Vague jusqu'à la fin !* ».

Il sera, avec Cari, l'allié du professeur Ben Ross pour organiser le meeting final (c'est lui qui lance le film-documentaire sur Hitler au chapitre 17).

Christy Ross

C'est la femme du professeur Ben Ross. Elle est aussi prof de musique et de chant au lycée Gordon.

Betty Lewis

C'est une amie de Christy Ross, qui joue souvent au tennis avec elle.

Eric

Lycéen noir (chap. 2), il est élève de Ben Ross et membre de l'équipe de football américain.

Deutsch

C'est un jeune lycéen en classe de seconde, qui aimerait prendre la place d'attaquant de Brian Ammon.

Midge Saunders

C'est la mère de Laurie Saunders. Elle est très intelligente et connaît bien la politique : elle dirige la Ligue des électrices du comté (chap. 7). Elle est très curieuse et sa fille Laurie ne peut rien lui cacher. Elle s'inquiète très vite du mouvement *la Vague*.

M. Saunders

C'est le père de Laurie Saunders et le mari de Midge. C'est un ingénieur qui travaille dans une usine de fabrication de semi-conducteurs. Il adore le golf (chap. 7).

Au départ, il est plus enthousiaste que sa femme par rapport à « *La Vague* ». Plus tard, il comprendra que ce mouvement représente un danger et que son épouse avait vu juste.

George Snyder

Élève de Ben Ross, il devient membre de « *La Vague* ».

Norm Schiller

C'est un professeur de biologie du lycée Gordon, mais aussi l'entraîneur de l'équipe de football américain de l'établissement. Son équipe a l'habitude de perdre. Toutefois, il est enthousiaste lorsque *la Vague* se répand dans le lycée : ses sportifs sont enfin motivés et font preuve d'esprit d'équipe.

Elaine Billings

C'est la mère de Robert (le jeune persécuté) et de Jeff (le grand frère qui a réussi).

Un garçon juif (sans nom)

Cet élève de seconde est tabassé par deux autres lycéens. On l'appelle « *sale juif* ». Le mouvement la Vague a servi de prétexte pour l'agression.

Un rabbin

Il vient rencontrer le principal Owens, concernant l'agression du jeune juif.

Des parents mécontents

Ils se plaignent auprès du principal Owens.

M. Gabondi

Il est professeur de français au lycée Gordon.

Résumé

Lieu de l'intrigue

L'histoire se déroule dans le **lycée Gordon,** situé dans une petite banlieue. C'est un **lycée fictif** : il n'existe pas dans la réalité.

Photo du lycée de Palo Alto (États-Unis), construit en 1919

Nœud de l'intrigue

Protagoniste (personne qui joue le premier rôle) : il s'agit de **Laurie Saunders**. Elle incarne la « voix de la raison » contre le groupe *la Vague* qui devient incontrôlable et dangereux.

Antagoniste (celui qui s'oppose au protagoniste) : *La Vague* incarne le grand « adversaire ». Dans l'ombre, c'est Robert Billings qui représente le mieux ce mouvement : il est son défenseur le plus passionné, car *la Vague* lui a permis d'avoir un meilleur statut et une raison de vivre.

Point culminant de l'histoire (le « climax » ou « acmé ») : à un moment, un jeune garçon juif refuse de rejoindre *la Vague*. Il est alors persécuté. Laurie publie alors un article dans le *Gordon Grapevine*, en dénonçant tous les problèmes créés par *la Vague*. La tension devient alors explosive entre Laurie et David : David s'en prend à elle, puis se rend compte qu'il s'est trompé.

Dénouement (conclusion de l'histoire) : **Ben Ross réunit les membres de *la Vague* pour un** rassemblement. Il leur expose alors qui est leur vrai leader : il s'agit en réalité d'Adolf Hitler ! Les élèves sont choqués et comprennent leur erreur. À la fin, Ben Ross essaye de faire en sorte que **Robert Billings conserve la confiance en soi** qu'il a acquise grâce à *la Vague*.

Résumé de l'histoire

Au lycée Gordon, le professeur d'histoire Ben Ross fait cours à ses élèves sur la Seconde Guerre mondiale, et notamment sur les **camps de concentration** allemands et la **Shoah** (la persécution et l'extermination des juifs). En voyant un reportage, les jeunes sont révoltés et ne comprennent pas comment le peuple allemand a pu se faire « embobiner » par le pouvoir nazi. Ils sont méprisants et pensent que les Allemands ont été idiots pour s'être fait avoir de la sorte.

Pour les élèves de la classe de Ben Ross, le peuple allemand a été stupide en suivant de façon aveugle leur dirigeant Adolf Hitler. Le professeur veut leur montrer qu'eux aussi peuvent être manipulés, sans même qu'ils s'en rendent compte.

M. Ben Ross est étonné par cette réaction. Il élabore une **stratégie** : il veut montrer aux jeunes qu'ils ne sont pas à l'abri d'une telle manipulation. Il commence alors à endoctriner la classe, à changer leur mode de pensée. Il utilise d'abord un slogan : **LA FORCE PAR LA DISCIPLINE.** Étonnamment, la classe réagit bien à ce slogan et devient très **docile**, soumise : elle adopte un comportement discipliné qui surprend M. Ross, lequel décide d'aller encore plus loin. Il crée un groupe nommé « ***La Vague*** » et adopte deux nouveaux slogans : **LA FORCE PAR LA COMMUNAUTÉ** et **LA FORCE PAR L'ACTION.** Le groupe s'organise et se dote d'un règlement.

Seule Laurie Saunders semble **sceptique** : les autres élèves sont enthousiastes et soutiennent le mouvement. Amy, la meilleure amie de Laurie, devient l'une des meneuses du groupe, tout comme Robert Billings. Le copain de Laurie, David

Collins, présente les principes de *la Vague* à son équipe de football américain, dans l'espoir qu'elle se renforce et puisse gagner contre l'équipe de Clarkstown.

Les jours suivants, *la Vague* **gagne en popularité**.

Toutefois, certains points sont inquiétants : Laurie reçoit une lettre pour son journal, expliquant que des membres de *la Vague* essaient de recruter des gens de façon **menaçante et brutale**. Lors d'un **événement sportif** rebaptisé de façon non-officielle ***meeting de la Vague***, un jeune est malmené et traité de « *sale juif* ». Au cours de cette rencontre, le match contre Clarkstown a lieu, mais le lycée Gordon perd : l'équipe n'était pas assez entraînée, et l'énergie nouvelle apportée par *la Vague* n'a pas suffi pour la victoire.

David est surpris par la tournure des événements. Pendant ce temps, Laurie et son équipe du *Gordon Grapevine* préparent une **édition spéciale du journal, consacrée à *la Vague* et à son impact négatif sur le lycée**.

Le lundi matin, Laurie discute avec Amy au sujet de la nouvelle édition du journal, qui promet d'être très dure contre *la Vague*. Amy est **furieuse** : elle soutient *la Vague* et accuse Laurie d'être **jalouse**. Pourquoi ? Parce que *la Vague* casse tous les codes sociaux, et donc que Laurie a perdu sa position de supériorité.

Finalement, l'édition du *Gordon Grapevine* est publiée et diffusée : tout le monde ne parle que de ça au lycée. Les membres de *la Vague* vont voir Laurie et **la provoquent** : **ils l'accusent de trahison**. David est du côté de *la Vague* : il est entraîné par le mouvement et ne se contrôle plus, devenant violent envers sa petite-amie. Il réalise soudain son erreur et comprend que *la Vague* est allée trop loin.

David abandonne *la Vague* et rejoint donc le camp de Laurie. Tous deux décident de se rendre au domicile de Ben Ross. Ils lui expliquent qu'**il faut arrêter l'expérience**. Ben Ross est d'accord. Il dit que c'est ce qu'il va faire, toutefois, il demande aux jeunes de lui faire confiance : **Ben Ross a un plan secret et veut terminer l'expérience d'une certaine façon**.

Le lendemain, Ben Ross annonce devant ses élèves qu'un **rassemblement de *la Vague*** se tiendra l'après-midi même. Cet événement est réservé aux seuls membres du groupe. Il leur apprend que *la Vague* est un mouvement national, et que son dirigeant sera présent lors de cette assemblée ! Laurie et David sont consternés et protestent ; ils sont envoyés au bureau du proviseur. Ils se décident toutefois à venir au rassemblement, pour en savoir plus.

Lors du rassemblement, Ben Ross fait passer une vidéo aux membres de *la Vague* : on y voit Adolf Hitler et des jeunes membres du parti nazi. Ceci agit comme un électrochoc : le professeur d'histoire fait comprendre aux élèves qu'ils ont été victimes d'un effet de groupe et qu'ils auraient fait de « bons nazis » par leur attitude fanatique, alors qu'au départ ils se sentaient meilleurs que le peuple allemand. Enfin, Ben Ross demande pardon pour son rôle dans l'expérience.

La Vague est alors dissoute. Le mouvement éclate. On répare les vieilles amitiés qui ont été troublées par *la Vague*. Robert Billings est celui qui est le plus bouleversé. Ben Ross vient le voir et l'encourage. Il souhaite que Robert garde la confiance qu'il a gagnée au sein du groupe.

Thèmes de l'œuvre

Thèmes principaux

Le thème central du roman concerne l'**attrait du fascisme** : comment expliquer que des populations massives acceptent de se soumettre à un **pouvoir dur et autoritaire ?** S'ils le font, c'est qu'il y a de bonnes raisons. Ainsi, qu'est-ce que les gens gagnent en échange de leurs libertés perdues ? Quels sont les compromis qu'ils font et quels prétextes s'inventent-ils ?

D'autres thèmes émanent de ce sujet. Il s'agit de l'**individualisme** et du **rôle de la minorité** lorsque des phénomènes de type totalitaire se développent. La question de l'**égalité** entre les personnes et de l'**égalitarisme**[9] est aussi abordé.

Enfin, le roman parle aussi du **désir de pouvoir et de réussite**.

Il s'interroge aussi sur le rôle de l'**éducation**, comment elle peut contribuer soit à l'**épanouissement** de l'individu et à son sens critique, soit à son **endoctrinement** (imposer des règles de pensée et de conduite). La **jeunesse** a un rôle important dans le roman : l'auteur insiste sur leur **rôle clé** dans une dictature, et plus généralement au sein des différents régimes politiques.

---

[9] L'égalitarisme est un système prônant l'égalité des citoyens dans des domaines divers, comme le domaine économique, social, politique… L'égalité se distingue de l'équité, qui accorde un traitement juste adapté à chaque situation (et non le même traitement pour tout le monde).

Affiche de propagande à destination des jeunes, 1934.
*On y lit : « **Viens avec nous ! La Jeunesse Allemande dans les Jeunesses Hitlériennes** »*
La Jeunesse Allemande (Deutsches Jungvolk) était un groupe des Jeunesses Hitlériennes regroupant les garçons âgés de 10 à 14 ans.

Thèmes secondaires

D'autres sujets sont abordés, notamment le rôle des **médias de masse** : les journaux, revues, magazines, peuvent **façonner l'opinion des gens** (le journal *Gordon Grapevine* a un rôle important dans le roman).

Un autre thème est la **hiérarchie au sein du lycée**, et plus généralement des établissements scolaires : de façon naturelle, certains étudiants sont les « **meneurs** » (*leaders*), beaucoup suivent, et quelques-uns sont **rejetés**.

Le thème du **harcèlement scolaire** est également présent, tout au long du roman : l'auteur tient, encore une fois, à dénoncer les injustices commises contre certains élèves (au travers de Robert Billings).

Aspects littéraires du roman

L'ambiance et le style du roman

L'intrigue est racontée sur un **ton assez sérieux**, à mi-chemin entre un reportage journaliste et un documentaire. L'auteur a un **style assez direct**, sans trop d'effets. Cela rend l'histoire très vraisemblable, **on la croirait tout à fait réelle**.

L'action de l'histoire se passe sur un temps bref (environ une semaine). De plus, **l'intrigue est assez intense** : on passe d'un lieu à l'autre assez vite, ou alors du jour au lendemain. On peut aussi passer brusquement d'un personnage à un autre (exemple au chapitre 11 : l'action se focalise sur Laurie, puis sur Ben Ross). **Cela donne du rythme à l'histoire**.

Résumé chapitre par chapitre, avec commentaires

Chapitre 1

Résumé

Laurie est lycéenne au lycée Gordon et éditrice-en-chef du journal de l'établissement, le ***Gordon Grapevine***. Hélas, **l'équipe du journal est peu sérieuse**, ce qui l'agace profondément.

Un matin, elle passe dans le couloir, à côté de la salle de M. Gabondi (prof de français). Ce dernier est en train de faire cours : Laurie regarde par la fenêtre et fait des grimaces vers son amie Amy Smith, ce qui fait rire cette dernière. Le professeur remarque Laurie et commence à s'énerver, mais **la sonnerie retentit** : c'est la fin de l'heure de cours !

Laurie et Amy se rejoignent pour aller au cours de leur prof d'histoire, **Ben Ross**. Ce dernier est déjà dans la salle : il a quelques problèmes avec le projecteur ; M. Ross n'est pas très doué pour le manuel, mais il a la réputation d'être un **enseignant charismatique : les étudiants apprécient ses cours**.

Au sein du lycée Gordon, **les collègues de Ross sont divisés**. Certains admirent l'**énergie** et la **créativité** de ce jeune collègue, tandis que d'autres pensent qu'il devrait enseigner de façon plus traditionnelle.

Ben, lui, est **davantage préoccupé par ses élèves** : les jeunes semblent plus intéressés par leur **statut social** que par leurs performances en classe.

Les élèves entrent en classe : **David Collins** vient aider M. Ross et résout son problème de projecteur. Dans le même temps, **Robert Billings, le souffre-douleur** de la classe, demande s'ils vont regarder un film. Brad répond en se moquant de lui.

Alors que la classe s'apprête à commencer, **M. Ross fait des reproches à ses élèves** : le devoir qu'ils ont rendu est **négligé**, une nouvelle fois ! C'est la troisième fois depuis le début du semestre qu'il les rappelle à l'ordre…

Remarques et commentaires

L'action débute ***in medias res*** (le lecteur est plongé au milieu de la situation, sans préalable).

On remarque que, très vite, **le lecteur comprend où est la place de chacun** : David Collins, celui qui aide le professeur Ross, fait partie de « l'élite » de classe. À l'inverse, **Robert Billings se ridiculise vite**, suite à sa question déplacée ; dans son dialogue intérieur, Ben Ross lui-même considère Robert comme le « *loser* » de la classe (il lui fait de la peine).

De façon intéressante, **on n'est pas dans le cliché « intello » contre « populaires »**. Ici, les garçons de « l'élite » sont à la fois bons dans le domaine sportif ET dans leur scolarité ! Ce qui étonne, c'est que Robert soit à la fois rejeté, et qu'il ait également de très mauvaises notes. Seul Brian Ammon paraît tomber dans le cliché du sportif populaire qui n'a pas de très bons résultats scolaires.

Ainsi, les « rebelles » fainéants, ceux qui défient l'autorité en étant insolents et en ayant de mauvais résultats, ne sont pas du tout représentés ici !

En définitive, le lycée du roman ressemble à un établissement fréquenté par des élèves de milieu plutôt aisé, avec des enfants de bonne famille et bien éduqués.

Chapitre 2

Résumé

La classe de Ben Ross étudie la Seconde guerre mondiale (1939-1945). Le professeur diffuse un documentaire sur les **camps de concentration**.

Un camp de concentration en Pologne

Il parle de la conquête du pouvoir par Hitler, de l'antisémitisme et de la « *Solution finale à la question juive* », projet mis en place par les dirigeants nazis. Il s'agissait d'**expulser** les Juifs, de les **confiner dans les ghettos** et d'organiser leur **déportation** vers des camps de travail ou des camps de concentration.

À mesure que l'armée allemande perdait du terrain, le pouvoir nazi devint encore plus violent : beaucoup de personnes furent **exécutées par balle** (on compte des centaines de milliers de victimes), et **de nombreux déportés trouvèrent la mort dans les camps** (notamment par gazage ou à cause d'épidémies).

Deux survivants du camp de concentration de Nordhausen (avril 1945)

Les élèves présents sont frappés par ce qu'ils voient. Certains sont même horrifiés, comme Laurie et Amy. Cette dernière demande alors si tous les Allemands étaient nazis (p. 22). Le professeur Ben Ross lui dit que non : seulement **10 % de la population** était membre du parti nazi (le NSDAP, « *parti national-socialiste des* *travailleurs allemands* »). Il affirme que la **majorité du peuple s'est laissée diriger par une minorité**.

Un élève, Éric, intervient : il ne comprend pas **comment les Allemands ont pu laisser massacrer autant de personnes** ! Tous se demandent pourquoi les Allemands ne se sont pas révoltés.

La réponse de Ben Ross est que les nazis étaient « *bien organisés et redoutés de tous* ». Mais lui-même est dubitatif. Il ne comprend pas bien pourquoi **beaucoup ont affirmé ne pas être au courant des massacres et n'ont pas agi contre le régime**.

Les élèves sont d'accords sur une chose : **eux-mêmes, contrairement aux Allemands, ne laisseraient jamais une minorité injuste gouverner la majorité !**

Des mains se lèvent pour poser d'autres questions, mais la **sonnerie retentit** : c'est la fin du cours. Les élèves se préparent à sortir ; David demande à Laurie de déjeuner avec lui à la cantine. Elle accepte mais avant, elle discute rapidement avec son professeur. Elle veut savoir : **pourquoi les nazis ont-ils été aussi cruels ?**

Ben répond qu'ils n'avaient pas le choix de désobéir : **ils ont suivi les ordres pour ne pas prendre de risques**. Laurie pense que ce n'est pas une excuse valable. Elle est **dégoûtée par l'attitude de ces individus** qui ont participé, bon gré mal gré, aux méfaits du pouvoir national-socialiste allemand.

Laurie sort de la classe. Ben Ross interpelle alors un autre élève, Robert Billings. C'est l'élève le plus problématique, car il ne travaille pas et est rejeté par la classe. En fait, Robert souffre car il n'est pas à la hauteur de son grand frère Jeff Billings, qui avait été un brillant lycéen contrairement à lui (à la fois au niveau sportif et scolaire). **Ben essaye de lui redonner espoir et de le motiver**. Robert se ronge l'ongle nerveusement et ne semble pas touché par son discours. Il s'en va.

Remarques et commentaires

On observe qu'encore aujourd'hui, les jeunes sont surpris par la sauvagerie du régime nazi. Nous avons toujours du mal à comprendre comment un tel déferlement de haine a pu se produire.

N'oublions toutefois pas que **la cruauté se trouvait dans les deux camps** : des villes sans intérêt stratégique militaire ont été détruites par les forces militaires britanniques et américaines, causant la mort de milliers de personnes. On peut penser au **bombardement de la ville allemande de Dresde** alors que la guerre était quasiment terminée (13-15 février 1945, environ 35 000 morts), ou au bombardement de villes côtières françaises au napalm. De même, l'explosion de la **bombe atomique** sur Hiroshima et Nagasaki (Japon) a marqué l'histoire du XXème siècle (6 et 9 août 1945, entre 155 000 et 250 000 morts).

Dresde après le bombardement, en 1945.

Dans le chapitre 2, on est étonné par la **réaction de Robert Billings**, qui paraît insensible au discours de son professeur. C'est un **contraste intéressant** avec la suite du livre : Robert, qui se considéré comme un « *loser* » par les autres, va **se transformer sous l'effet de *la Vague***, de façon très soudaine.

Chapitre 3

Résumé

David a déjà fini son repas quand Laurie le rejoint. À ce moment, Robert Billings s'assoit à une table : les deux filles déjà attablées se lèvent et s'en vont. David et Laurie le regardent avec une sorte de pitié.

Laurie pense encore au documentaire, qui lui a coupé la faim. Elle en parle à David, puis lui donne son repas qu'elle n'arrive pas à manger.

Amy Smith et Brian Ammon les rejoignent et s'assoient avec eux. Brian est joueur de l'équipe de football américain du lycée (il est *quaterback*), tout comme David. Les deux garçons mangent comme des ogres : ils prennent des forces car **ils auront un match contre l'équipe de Clarkstown**, le samedi à venir.

Laurie demande alors si l'équipe du lycée Gordon a une chance de gagner. David répond qu'il ne sait pas, mais il n'est pas optimiste : son équipe « *manque de cohésion* » et beaucoup de joueurs ne viennent pas à l'entraînement.

Puis David parle d'autre chose : il veut savoir si quelqu'un fait de l'algèbre. Il a choisi cette option car il veut entrer en école d'ingénieur.

Les quatre jeunes tournent ensuite leur regard vers Robert Billings : il est en train de lire une bande dessinée de *Spider-Man*, la bouche débordante de ketchup. Brian affirme que Robert a dormi pendant tout le film, et David rebondit en disant que Laurie est encore « *toute chamboulée* » par le documentaire. **Laurie est un peu vexée** de la remarque de David ; Amy confesse qu'elle aussi a été choquée. David se veut rassurant : il prétend que tout cela est « *du passé* » et qu'il faut « *tourner la page* », en concluant que « *ça ne se reproduira plus* ».

Laurie se lève de sa place et s'en va avec Amy : **elles vont au local du journal du lycée**. Une fois arrivée, Amy commence à fumer une cigarette à la fenêtre puis reparle de cet « *horrible* » documentaire. Les deux filles parlent alors de David, qui veut devenir ingénieur en informatique. Amy demande à Laurie pourquoi elle ne se marie pas avec lui. Laurie trouve qu'elle est trop jeune pour se marier ! Alors Amy répond que si David lui demandait le mariage, à elle, elle y réfléchirait sérieusement (Amy voudrait aussi sortir avec un homme de l'équipe de foot). Laurie ressent une certaine **jalousie de la part d'Amy** : il existe une sorte de « ***compétition incessante*** » entre elles. Du coup, cela **les empêche d'être** « ***vraiment proches*** ».

Soudain, quelqu'un tape à la porte : c'est un homme qui prétend être le principal Owens. Les filles paniquent et Amy jette sa cigarette. Elles ouvrent la porte, finalement il ne s'agit que de Cari Block et Alex Cooper, deux chroniqueurs du journal *Gordon Grapevine*. C'est encore **une de leurs blagues !**

Laurie leur rappelle qu'**ils doivent livrer un article**, mais les deux garçons esquivent la question et parlent d'autre chose, ce qui agace la jeune fille.

Remarques et commentaires

On voit que Robert Billings est le « *bizarre* » de l'histoire : le fait qu'il lise *Spider-man* avec sa bouche salie par la nourriture, lui donne un côté **enfantin**.

On observe aussi un **contraste** entre les amies Laurie et Amy : alors que Laurie fait son maximum pour ne pas fumer, Amy fait le contraire en allumant une cigarette dans le local. Cette différence d'attitude se retrouvera plus tard : **Laurie résistera à *la Vague*, au contraire d'Amy**.

Alex et Cari semblent déjà remettre en cause l'autorité : ils prétendent être le principal du lycéen M. Owens. Toutefois, la réaction qu'ils suscitent montre que **cette autorité a bien un poids** : les filles ont peur, et Amy cache le fait qu'elle n'a pas respecté le règlement (elle jette sa cigarette).

Chapitre 4

Résumé

Ben Ross est **troublé** par les questions de ses élèves ; il ne parvient pas à leur expliquer pourquoi les Allemands ont laissé les barbaries nazies se produire.

Lorsque Christy, la femme de Ben, rentre à la maison à 23 heures passées (elle était au tennis puis au restaurant avec son amie Betty), elle voit son mari **plongé dans des livres**. En effet, Ben est passé par une bibliothèque plus tôt dans la journée pour emprunter des livres sur le sujet du nazisme, comme « *Le IIIème Reich : des origines à la chute* » ou encore « *Les Jeunesses hitlériennes* ».

Comme à l'accoutumée, **Ben s'est plongé à fond dans le sujet qui l'intéresse** à ce moment donné.

Le professeur se rend compte que la réponse aux questions des élèves ne se trouve dans aucun livre. Il comprend qu'il pourrait **tenter une expérience** pour que les jeunes trouvent des réponses par eux-mêmes.

Il partage sa vision des choses à son épouse. Betty comprend son point de vue. Elle le laisse travailler et va se coucher : elle se demande si son mari, absorbé par ses recherches, viendra la rejoindre cette nuit pour dormir.

Remarques et commentaires

On voit que Ben Ross est atteint par une sorte de **monomanie** : lorsqu'il a un sujet en tête, il est complètement absorbé par celui-ci. Par le passé, il était absorbé par le sujet des Indiens d'Amérique, puis par le jeu du bridge. À présent, c'est un **sujet très complexe** qui le passionne, puisqu'il s'agit d'une question à la fois historique et politique.

Il s'agit ici de savoir comment le peuple allemand a laissé le IIIème Reich développer une politique très dure à l'égard de certaines minorités. Devenu docile, il ne s'est pas révolté.

Les livres apportent des réponses sur les raisons de l'arrivée du parti nazi (NSDAP) au pouvoir :

- La **crise économique** de 1929 qui a ruiné l'Allemagne, et conduit à un **chômage massif** (33,8 % de la population active en 1932)
- Une **volonté de revanche** après l'humiliation du Traité de Versailles, qui a infligé de lourdes punitions à l'Allemagne.
- Le **soutien des milieux d'affaires et industriels** au parti nazi.[10]
- Un **fond d'antisémitisme** (haine des juifs) qui existait en Europe depuis des centaines d'années.

En juin 1931, des Allemands se rendent à la Caisse d'Epargne de Berlin afin de retirer leurs économies : ils viennent d'apprendre que la Darmstädter-Nationalbank Berlin, 2ème plus grande banque allemande, a fait faillite.

Ben Ross a compris ces explications historiques mais cela ne répond pas à toutes les questions. Il souhaite **comprendre la psychologie des foules : pourquoi autant de gens ont suivi les nazis ? Pourquoi sont-ils restés dociles et passifs ?**

Sa volonté est de comprendre **comment tout un peuple peut se faire manipuler**, au point d'adhérer à une idéologie de façon presque aveugle.

Il en conclut qu'effectuer **une expérience grandeur nature** est le seul moyen pour comprendre comment fonctionnent les manipulations de masse.

---

10 À ce propos, lire l'article « *Idée reçue : La crise de 1929 a porté Hitler au pouvoir* », par Lionel Richard, *Le Monde diplomatique*, 2013

Chapitre 5

Résumé

Le jour suivant, les lycéens du cours de Ben Ross sont surpris de lire ces mots au tableau : **LA FORCE PAR LA DISCIPLINE**. Le professeur leur annonce qu'il va parler de **discipline**, ce qui étonne les élèves : M. Ross n'a pas l'habitude d'évoquer des sujets ennuyants, à l'inverse d'autres profs.

L'enseignant ne se décourage pas et motive ses élèves : il leur explique que le « ***pouvoir*** » et la « ***réussite*** » sont possibles avec de la discipline. Il prend l'exemple d'Amy pour illustrer ses paroles : il la fait se lever puis se rassoir, et lui **indique comment bien se positionner**.

Puis, il demande aux autres élèves de s'asseoir comme Amy, le dos bien droit. Les élèves obéissent mais certains s'amusent de la scène. Même **Robert** (le cancre) **fait des efforts pour être bien positionné** : il est félicité par son professeur.

M. Ross donne alors d'autres instructions à ses élèves : ils devront **se lever, marcher dans la classe puis, au signal, s'asseoir le plus vite possible** à leur place, de façon ordonnée. Au départ, c'est chaotique. Pendant 20 minutes, le professeur chronomètre la performance et **encadre l'activité avec une grande autorité**.

David propose ensuite à ses camarades de **s'aligner en fonction de leur place, afin d'atteindre leur siège plus rapidement** (ceux en fond de classe se mettront au premier rang). C'est un succès : la classe bat le record pour atteindre 16 secondes. Les élèves crient de joie mais le professeur les recadre : « *Allons, allons, on se calme* ». Ben Ross est **très surpris** que ses étudiants se calment aussi vite : **ils semblent absorbés par l'activité** et sont **très obéissants** (contrairement à leur habitude).

M. Ross instaure ensuite **trois nouvelles règles** à ses élèves : premièrement, tous les élèves devront avoir des crayons et du papier pour prendre des notes ; deuxièmement, ils devront se lever et se tenir à côté de leur chaise pour répondre à toute question ; troisièmement, toutes les réponses et questions devront commencer par les mots « *Monsieur Ross* ». Il s'exerce avec un lycéen prénommé Brad, en lui **posant des questions d'histoire autour de la Seconde guerre mondiale**. Il interroge ensuite d'autres élèves. Tout le monde participe : Robert corrige même une erreur de Brad.

Les élèves répondent vite et bien, l'activité est un réel succès. À tel point que lorsque la cloche sonne, les élèves attendent les derniers ordres de M. Ross au lieu de partir en désordre, comme ils en avaient l'habitude auparavant.

Le professeur donne les devoirs, puis dit : « *le cours est fini* », et les élèves s'en vont « *comme un seul homme* ».

Après les cours, plusieurs élèves se réunissent pour discuter de cette activité. Certains sont **très enthousiastes** et ont **adoré l'expérience** ! David croit particulièrement aux bienfaits de cette discipline, même si Brad et d'autres sont sceptiques. David se rend aux toilettes des garçons et réfléchit sur **l'effet positif** que pourrait avoir cette discipline sur son équipe de football américain. Il aperçoit alors Robert Billings devant le miroir : ce dernier se recoiffe et **se met soudain au garde-à-vous**, comme s'il était en face de M. Ross. Il répète ce geste plusieurs fois, pendant que **David l'observe en cachette**, très étonné.

Le soir, Ben Ross se retrouve avec sa femme Christy. Tous deux discutent avant de dormir. La femme est surprise d'apprendre à quel point les élèves de Ben ont suivi la discipline imposée. Elle demande si l'expérience va continuer le lendemain ; Ben pense que ce ne sera pas le cas : il compte passer à un autre chapitre (la « *campagne japonaise* »).

À la fin du chapitre, on comprend que **Ben a réellement apprécié l'expérience**, même s'il ne l'avoue pas à sa femme. Il était satisfait par la vivacité et les progrès de ses élèves, et stimulé par cette ambiance disciplinée. « *Intéressant* », se dit-il...

Remarques et commentaires

Ben Ross commence son expérience avec un **slogan** (*LA FORCE PAR LA DISCIPLINE*) et **trois règles**, soi-disant dérivées de ce slogan. Cependant, le slogan est large : **les règles imposées par Ben Ross sont arbitraires**[11], si on les analyse plus près. En réalité, **n'importe quelle règle** imposant plus de contrôle sur les élèves et leur comportement aurait pu être appliquée. De même, d'autres slogans auraient tout aussi bien pu être utilisés pour justifier les règles choisies.

Ainsi, **une dictature utilise souvent des messages vagues, généraux, avec des mots à connotation positive** (force, travail, discipline, progrès...), pour justifier n'importe quel projet ou n'importe quelle mesure. Le slogan devient même parfois une absurdité, lorsqu'on observe sa réalisation concrète.

---

[11] **Arbitraire** : qui dépend de la seule volonté, d'un caprice de quelqu'un. Une décision arbitraire ne se conforme pas à une règle précise : il s'agit de ce que désire une personne, laquelle va imposer son choix.

Ainsi, on pouvait lire sur l'entrée des camps de concentration :

« ***Le travail rend libre*** » (***Arbeit macht frei***)

Or, les déportés (Juifs, Tsiganes, communistes, prisonniers politiques et résistants, homosexuels...) étaient **emprisonnés dans des conditions extrêmement difficiles**, à faire un travail très fatigant, sous la contrainte. D'autres mêmes **mouraient très vite** en détention, pour cause d'épuisement, de maladie ou de meurtre.

Ici, **le slogan cache une réalité très cruelle**.

Entrée du camp d'Auschwitz, en Pologne (2007)

Avant de dormir, Ben dit à sa femme qu'il compte passer à une autre leçon le lendemain : on pourrait comprendre que sa petite expérience a fonctionné, et qu'il souhaite passer à autre chose. Or, l'enseignant réalise que ce n'est pas le cas : **les élèves n'ont pas compris le sens de cet exercice**. Cette leçon devait leur montrer qu'on peut assez facilement manipuler les gens, mais les jeunes sont tombés dans le piège et n'ont même pas conscience d'être « contrôlés » par leur professeur.

Par ailleurs, le professeur s'est pris au jeu : on ne sait pas s'il ment à sa femme en disant qu'il va passer à autre chose, ou bien s'il se ment à lui-même. Il apprécie son rôle et est **emporté par sa propre expérience**.

Chapitre 6

Résumé

Arrivant en retard en classe le lendemain, Ben Ross est surpris de voir ses élèves observer la même posture disciplinée. Plus étonnant, ils **gardent le silence** lors des exercices. M. Ross, intrigué, décide d'aller plus loin et présente un deuxième slogan à la classe, ***LA FORCE PAR LA COMMUNAUTÉ***.

Il définit ce slogan : c'est l'importance de faire partie de quelque chose de plus grand que soi-même. Il crée également un **symbole** (une vague) et un salut assorti, par lequel la classe doit se saluer mutuellement. Il partage à ses élèves quelques informations sur la Vague.

Pendant l'entraînement de football après l'école, David veut présenter la Vague à toute l'équipe. Eric est sceptique. Brian Ammon, qui a peur d'affronter les puissants joueurs de l'équipe de Clarkstown, est **séduit par l'idée** : il est prêt à faire un essai. Deutsch, le jeune *quaterback* de deuxième rang, se moque de ses adversaires et propose de prendre la place de Brian dans le match : Brian s'énerve et se bat avec son coéquipier. David interrompt le combat : il est dépassé.

Eric incite alors David à parler aux autres joueurs de la Vague.

Remarques et commentaires

La Vague commence à prendre de l'ampleur. Ben Ross a trouvé un premier slogan et les élèves l'ont suivi. Le lendemain, ils sont encore sous l'emprise de cette **discipline rigoureuse**.

Le professeur est un peu **déstabilisé** par l'efficacité de son expérience. Mais au lieu de lever le pied et de prendre du recul, **il enfonce le clou** : Ben Ross décide d'alimenter la Vague avec un **nouveau slogan** et de **nouvelles règles**.

De plus, **la Vague prend une réalité concrète** : les relations entre les gens changent à cause d'elle. Ainsi, deux lycéens **divergent** : David croit en la vague et veut en parler à l'équipe, alors qu'Eric est au départ sceptique. Toutefois, quand le moment se présente, David n'ose pas en parler aux autres joueurs : étonnamment, c'est Eric qui l'incite à en parler (ce dernier ne supporte plus les divisions de l'équipe et pense que la Vague peut régler la situation).

Cela illustre les **hésitations de David** envers la Vague. Parallèlement, Eric veut régler le problème de l'équipe une fois pour toutes, et voudrait que la Vague soit la solution. **Chacun a une vision différente du mouvement**.

Chapitre 7

Résumé

Pendant le dîner, Laurie s'ennuie des histoires habituelles de son père sur le golf. Elle décide de leur parler de ses cours d'histoire, et du phénomène récent de la Vague. La mère de Laurie, Midge Saunders, s'inquiète du fait que la Vague soit trop militariste, mais **Laurie lui assure que c'est une expérience positive**.

M. Saunders est **plus optimiste que son épouse** par rapport à la Vague : il pense que tout ce qui encourage la discipline et la coopération est une bonne chose. Il cite l'exemple des Pères fondateurs (*Founding Fathers*, les hommes à l'origine des États-Unis d'Amérique), tandis que Mme Saunders affirme que les gens ne devraient pas avoir peur d'agir en leur nom propre. Midge Saunders rappelle ensuite à sa fille Laurie que **ce qui est populaire n'est pas toujours ce qui est juste**.

M. Saunders pose ensuite des questions sur David, le copain de Laurie, qui passe souvent le soir. Laurie lui dit que David étudie l'histoire pour le lendemain.

La suite du chapitre se déroule chez la famille Ross. Bien que ce soit au tour de Ben Ross de cuisiner, il rapporte des plats chinois à emporter à la maison, car il est trop occupé : il prépare son cours du lendemain. Ben est étonné de voir à quel point les élèves ont bien réagi à La Vague. Il est très content de leur comportement, devenu beaucoup plus sérieux qu'avant. Christy lui demande jusqu'où il va aller dans l'expérience… et Ben confesse qu'il ne le sait pas. Il admet s'être laissé prendre au jeu, le qualifiant de "*contagieux*". Christy avertit son mari en plaisantant : elle lui dit qu'**il est peut-être, lui-même, le cobaye de l'expérience !**

Remarques et commentaires

Les parents de Laurie sont en désaccord sur la Vague. Ils ont des arguments pour et contre. Cette discussion permet d'**approfondir le débat** : ils évoquent l'individualisme et les valeurs communautaires. Parce qu'ils sont plus expérimentés que leur fille, ils apportent un éclairage : leurs connaissances sont très utiles pour expliquer le phénomène. Ainsi, M. Saunders évoque l'exemple des Pères fondateurs (ceux qui ont fondé les États-Unis à la fin du XVIIIème siècle), tandis que son épouse évoque les groupes sectaires.

Concernant le ménage Ross, on observe qu'ils ont des habitudes saines : ils se **partagent les tâches ménagères** (dans les années 80, c'était généralement moins courant qu'aujourd'hui). L'avertissement de Christy à Ben montre qu'elle est **clairvoyante** : elle a conscience de l'impact négatif que la monomanie de Ben pourrait avoir, surtout dans ce cas particulier.

Chapitre 8

Résumé

On apprend que David accompagne Laurie à l'école depuis qu'ils sont en deuxième année. Le lendemain matin, ils se retrouvent à nouveau. David est enthousiaste et explique comment la Vague va aider l'équipe de football. Laurie n'en est pas aussi sûre. Elle demande s'il a besoin d'aide en calcul. David ne veut pas d'aide de ses camarades de classe, par fierté ; Laurie lui suggère de demander l'aide d'Amy.

Le cours d'histoire commence. **Ben Ross pousse l'expérience encore plus loin**. Il commence par distribuer des cartes de membre de la Vague. Ceux qui ont un X rouge sur la carte sont des **moniteurs** : ils ont un rôle de **surveillance** et doivent s'assurer que tous les membres de la Vague obéissent aux règles. L'enseignant présente également un nouveau slogan : ***LA FORCE PAR L'ACTION***. M. Ross explique que la discipline et la communauté sont inutiles si l'on n'agit pas pour atteindre ses objectifs.

Laurie trouve que ça va trop loin : **elle commence à être inquiète**. Elle décide toutefois de se taire.

M. Ross parle également de la **concurrence** au sein du groupe : le professeur explique qu'il faut cesser la division. Au contraire, **il faut s'unir et travailler ensemble vers un même but**. Il dévoile ensuite la **première action** de la Vague : le **recrutement de nouveaux membres**. En entendant cela, David et Eric sont satisfaits d'avoir déjà évoqué la Vague à l'équipe de football.

Alors que Ben Ross s'apprête à avancer sur son cours, George Snyder, Robert Billings et d'autres expriment spontanément leur joie et leur fierté de faire partie de la Vague. Ils font quelques saluts et prononcent des slogans. Ben Ross réalise que **la Vague a pris vie**, et joue déjà un **rôle important** dans la vie de ses élèves.

Au déjeuner, David invite Robert à manger avec lui ainsi qu'avec d'autres membres de la Vague (c'est du jamais vu !).

Laurie reste **sceptique**. Elle se sent **mal à l'aise** vis-à-vis de la Vague, mais les autres ne partagent pas ce sentiment. Au contraire, Amy et Brad expriment leur soulagement : ils sont contents car la Vague marque la **fin des luttes de popularité**. En effet, on ressent maintenant un **sentiment d'union et de communauté**, qui instaure une **égalité entre les lycéens**. Brian plaisante à propos du reportage de Laurie, qu'elle compte faire pour le journal à propos de la Vague. David la défend : elle n'enfreint aucune règle en menant l'enquête. **Robert intervient et marque son désaccord** : il fait remarquer que si elle critiquait la Vague, elle enfreindrait les règles. En effet, **cela serait un défi contre la communauté**. Laurie se retient de lui répondre… d'autant qu'il est en position de force : sa situation a radicalement changé, puisqu'il est maintenant accepté par les autres.

Remarques et commentaires

David exprime la **voix du pluralisme** : chacun peut avoir une opinion différente par rapport au mouvement de la Vague. Son **idéalisme** s'incarne dans une forme de **tolérance** : David est capable d'équilibrer à la fois les besoins de la communauté et ceux de l'individu.

Robert est plus radical : il est **très protecteur envers la Vague**. Il en résume les principes à une équation très simple : **la priorité absolue est de préserver le groupe**. C'est un écho de l'idée que le premier devoir d'une communauté est de se maintenir. Dans la position simpliste adoptée par la plupart des membres de la Vague, les opinions exprimant quoi que ce soit de contraire au groupe sont, *de facto*, contraires à la communauté et à ses valeurs. **La communauté absorbe ses membres** et rejette la **pensée individuelle**. On doit garder pour soi son opinion personnelle, pour ne pas nuire au groupe.

C'est ainsi que fonctionne un **système totalitaire** : toute remise en question est rejetée. En théorie, on a le droit de contester l'ordre établi, mais en réalité, une forme d'**autocensure** s'installe : **les membres n'osent pas s'exprimer**, de peur d'être marginalisés (mis de côté, mis en dehors du groupe).

Le bien du groupe doit primer sur les divergences des individus. C'est pourquoi une structure totalitaire peut survivre, car **les membres qui y sont soumis n'osent pas exposer leurs divergences**.

Dans l'histoire, certaines personnes ont **osé exprimer** leur désaccord envers certains pouvoirs totalitaires.

On peut par exemple penser à **August Landmesser**, un Allemand de Hambourg qui refusa de faire le salut nazi (on le voit dans le cliché ci-après). Ce dernier, membre du parti nazi depuis 1931, en fut exclu 4 ans plus tard, après s'être fiancé puis marié à Irma Eckler, une femme juive. Il fut plus tard emprisonné, condamné à du travail forcé puis enrôlé de force dans une unité militaire pénitentiaire (composée de condamnés). Il mourut sur le champ de bataille en 1944. Son épouse, elle, décédera en déportation en 1942.

August Landmesser refuse de faire le salut nazi, en 1936

Un autre exemple moins connu est celui d'**Albert Richter**, champion de cyclisme. Cet Allemand avait un entraîneur juif, Ernst Berliner. Il refusera de s'en séparer, comme le lui ordonnaient les autorités nazies, et ne portera pas le maillot comportant une croix gammée. Plus tard, il n'acceptera pas de se battre contre la France, déclarant : « *Je ne peux pas devenir soldat. Je ne peux pas tirer sur des Français, ce sont mes amis !* ». Il tenta alors de s'enfuir pour la Suisse, mais fut intercepté par la Gestapo (la Gestapo – on prononce [*Guéstapo*], diminutif de ***Ge****heime* ***Sta****ats****po****lizei* – est la police secrète nazie). Il finira par trouver la mort dans des circonstances obscures (il fut vraisemblablement assassiné).

Albert Richter devant un marchand de vélos, à Cologne
On lit sur la vitrine : « Notre Albert Richter gagne le grand prix de Paris ! »

Chapitre 9

Résumé

Ben Ross ne sait pas trop comment faire évoluer la Vague. Il souhaiterait que le mouvement soit médiatisé et fasse l'objet d'un article dans le magazine Time.

Le recrutement de nouveaux membres a été un succès : le cours d'histoire est devenu chargé (les lycéens ont le droit d'assister à des cours supplémentaires). La classe est sérieuse et n'accuse pas de retard sur le programme. Toutefois, les élèves se reposent davantage sur la **mémorisation par cœur et les réponses courtes**, plutôt que sur la pensée critique qui exige des réponses plus longues. **Leur capacité de réflexion paraît diminuée**.

Le professeur de biologie Norm Schiller, qui entraîne aussi l'équipe de football du lycée, **remercie Ben Ross** pour son initiative : ce mouvement a stimulé la **discipline** et la **cohésion** de l'équipe. Cela donne de l'espoir en vue du match contre Clarkstown.

Les élèves répondent différemment à la question du pourquoi ils aiment la Vague : certains aiment la **nouveauté**, d'autres disent qu'ils apprécient son côté **démocratique**, d'autres encore affectionnent ce **surcroît de discipline**.

Parallèlement, Laurie et le personnel du journal *Gordon Grapevine* ont du mal à trouver des sujets pour le prochain numéro. Lorsque quelqu'un suggère de parler de la Vague, Laurie hésite d'abord mais accepte finalement. Elle demande à l'équipe de **recueillir l'opinion des autres élèves sur ce phénomène**.

Ce soir-là, Midge, la mère de Laurie, lui parle : elle a rencontré Elaine Billings, ravie des changements chez son fils Robert, qui le préoccupait beaucoup auparavant. La mère de Robert est très contente du résultat. En revanche, Elaine est moins enthousiaste. Elle trouve que la Vague suit le modèle des sectes. **Les élèves ont l'air absorbés par ce mouvement, et perdent leur sens critique**.

Interrogée sur le meeting de la Vague qui doit avoir lieu le vendredi après-midi, Laurie répond qu'il s'agit d'un rassemblement d'encouragement pour l'équipe de football avec un nom différent. Mme Saunders est étonnée : elle trouve que sa fille devrait s'inquiéter davantage du mouvement. Laurie répond que c'est seulement une mode qui va passer : elle veut calmer sa mère. Toutefois, au fond d'elle, **Laurie doute et se montre préoccupée par la tournure des événements**.

Remarques et commentaires

La référence au **magazine Time** dans ce chapitre est importante, car elle indique deux choses :

- Ben Ross désire obtenir une **plus grande reconnaissance** de ses capacités d'enseignement. **Ce besoin de reconnaissance le rend peut-être plus fragile** : il va être sensible à l'attention qu'on lui porte (notamment lorsque Robert devient son garde du corps au chapitre 11), et apprécie cette sensation de pouvoir.
- Il voudrait que le **problème des étudiants indisciplinés et insolents** devienne une préoccupation nationale, ce qui est un souhait légitime

L'humour de l'équipe du *Gordon Grapevine* est, on le voit encore, nettement **antiautoritaire** dans sa nature. Toutefois, on passe ici un cap. L'**analyse du journal devient plus pointue et plus sévère**. Le *Gordon Grapevine* va à contre-courant de la tendance qui est assez favorable à la Vague. L'équipe prend des risques et pourrait le payer cher.

Chapitre 10

Résumé

Ben Ross est appelé au bureau du principal Owens. Il sait que c'est à propos de La Vague mais **ne sait pas trop comment réagir**. Lui-même est dépassé : jamais il n'aurait pensé que la Vague prenne cette ampleur. D'un côté, ce serait un soulagement de mettre fin à la Vague. De l'autre, la Vague a eu des effets positifs : elle a renforcé la cohésion des élèves et permis de métamorphoser Robert, qui est à présent un élève actif. De plus, mettre fin à la Vague maintenant serait absurde : les élèves ne pourraient pas en tirer d'enseignement. Ben réalise qu'il dramatise un peu. Au final, ce n'est qu'une « *expérience menée dans son cours* ».

Il entre dans le bureau du principal. Étonnamment, celui-ci salue Ben de façon plutôt agréable. Il complimente M. Ross sur son costume ; le professeur a une apparence plus formelle, plus sérieuse qu'avant la Vague.

Le principal dit qu'il a entendu parler de la Vague d'une manière assez positive et souhaite en savoir plus. **Ben lui raconte comment l'expérience s'est déroulée** jusque-là, ce qui laisse le directeur Owens quelque peu troublé.

Owens est **méfiant** par rapport aux slogans et aux saluts mais Ben répond que cela fait partie du jeu. Le principal admet que l'entraîneur Schiller est enthousiaste par rapport à la Vague : elle a eu un effet positif sur l'équipe de football américain. Toutefois, Owens doute. Il est préoccupé par tout cela. Il demande donc que Ben lui fasse une promesse : il ne le laissera pas voir des parents défiler à son bureau pour se plaindre d'un « *obscur mouvement* » qui a « *enrôlé* » les enfants.

Ben le promet et rassure son supérieur : il lui garantit que l'expérience est sous contrôle. Il conclut : « *Vous pouvez me faire confiance* ».

Remarques et commentaires

En complimentant le costume de Ben Ross, le **principal Owens renforce subtilement la discipline incarnée par la Vague**, non seulement chez les membres lycéens, mais aussi chez l'enseignant qui dirige l'organisation. En lui accordant un certain respect, le principal du lycée accorde une légitimité au professeur. On comprend que **l'apparence est importante ! Elle permet d'impressionner et d'imposer son autorité, de façon discrète voire invisible**.

On observe l'importance du costume dans l'histoire. Le vêtement est toujours très symbolique. Ainsi, les **soldats français** étaient longtemps habillés aux couleurs du pays (en bleu, blanc, rouge).

Puis, dès 1914, leur costume a été transformé pour être moins coloré, notamment car le pantalon rouge vif rendait les soldats français trop visibles.

En Allemagne nazie, les premières milices du parti d'Hitler étaient les **SA** (sections d'assaut). Au départ, vêtus de tenues militaires tropicales disponibles à bas prix, les membres des SA furent surnommés les « **chemises brunes** ».

Deux membres des SA collant des affiches appelant au boycott de boutiques appartenant à des juifs. On lit : « Allemands ! Défendez-vous ! N'achetez pas chez les juifs ! » (1er avril 1933)

Devenus indésirables car incontrôlables, les chefs des SA et certains membres furent assassinés durant la **Nuit des longs couteaux** (29-30 juin 1934). Les SA devinrent alors minoritaires. Ce fut la **SS** (escadron de protection), créée en 1925, qui prit l'ascendant. Les membres de la SS étaient revêtus de costumes noirs élégants. Ces vêtements étaient dessinés par un certain… Hugo Boss.

Cérémonie de baptême conduite par des membres des SS (photo prise entre 1936 et 1944)

Dans le chapitre 10 du roman, on dirait que **la hiérarchie s'est inversée** : le professeur (M. Ross) a imposé ses choix à son supérieur (M. Owens), sans qu'il ne s'en rende compte.

On peut dresser un parallèle avec l'histoire : **Hitler a été nommé chancelier par le président allemand Hindenburg**, en 1933. Le président, quelque peu dépassé par les événements, accepte de nommer le populaire Adolf Hitler, ancien soldat de la première guerre mondiale originaire d'Autriche, devenu chef du parti national-socialiste des travailleurs allemands (NSDAP).

Méprisé et minoritaire au gouvernement, Hitler parvient pourtant **à consolider la position de son parti**, par des moyens tant licites qu'illicites. On peut ainsi évoquer l'usage de la voie législative, avec le vote de textes accordant de larges pouvoirs au chancelier, comme la loi du 24 mars 1933 de réparation de la détresse du peuple et du Reich. D'autres fois, ce fut l'usage de la terreur, en dehors de tout cadre légal : des milices de la SA puis des SS assassinèrent des opposants politiques.

Hitler est salué par Hindenburg à Postdam, en 1933

Chapitre 11

Résumé

Laurie entre dans la salle du journal et trouve une **enveloppe blanche** par terre. Elle l'ouvre et trouve un **article écrit à la main, avec un petit mot**. L'auteur du mot indique qu'il a écrit cet article pour le journal mais qu'il n'a pas souhaité laisser son nom, car il ne veut pas que ses amis et les autres lycéens connaissent son identité.

Cet **article anonyme** s'intitule : « ***Rejoignez la Vague, ou sinon...*** ». Il est écrit par un jeune de première. Il relate une anecdote.

*Ayant entendu parler de la Vague, il assiste avec des amis à un cours de M. Ross mais n'apprécie pas le concept : pour lui, ça ressemble « à un jeu stupide ». En sortant de classe, un jeune de terminale les aborde et les invite à rejoindre la Vague. Deux acceptent immédiatement, et deux autres sont réticents puis acceptent, après avoir discuté avec le terminale. Seul ce jeune de première refuse d'adhérer. Le terminale se met alors « **en colère** » et essaye de l'**intimider**. Il l'avertit qu'il risque de perdre ses amis s'il ne rejoint pas la Vague. Finalement, les quatre amis prennent la défense de leur camarade et s'en vont.*

Trois de ses copains adhèrent finalement à la Vague. Le jeune recroise plus tard le terminale, qui lui demande s'il a changé d'avis. Devant sa réponse négative, le terminale l'avertit qu'il « sera trop tard » s'il ne les rejoint pas bientôt.

L'auteur de l'article pose alors une **question rhétorique**[12] : « *trop tard pour quoi ?* » Laurie replie l'article et le remet dans l'enveloppe. Elle commence à y voir plus clair sur la Vague…

L'histoire se focalise ensuite sur Ben Ross. Lorsqu'il quitte le bureau du principal Owens, Ben voit des lycéens en train d'afficher une grande bannière de la Vague, dans le couloir ; le meeting du groupe se prépare. Il croise de nombreux élèves qui lui font le salut de la main. Plus loin, il aperçoit **Brad et Eric qui récitent les slogans du groupe et distribuent des dépliants** vantant leur mouvement. Les membres de la Vague s'impliquent énormément : collage d'affiches un peu partout, communication et recrutement, préparation du gymnase pour le meeting…

Ben Ross marche mais a le sentiment d'être suivi. Il se retourne : c'est Robert Billings, qui veille sur lui. Il demande à être son **garde du corps**. M. Ross est très surpris, mais Robert justifie son acte : Ben Ross est en effet le « *leader* » de la Vague ; le jeune homme estime qu'il doit protéger son chef.

Ben hésite. Il est pensif en observant Robert : ce garçon était encore un cancre il y a quelques jours, maintenant c'est un jeune sûr de lui, prêt à se sacrifier pour son chef. **Ben comprend soudainement qu'il est devenu « *chef suprême* » de la Vague**.

À ce propos, il a entendu des membres de la Vague discuter d'ordres qu'il était censé avoir donnés. Or, certains de ces ordres n'ont jamais été donnés par M. Ross ! Ce sont des lycéens qui les ont inventés, sans forcément s'en rendre compte. Il comprend que **la Vague a pris vie par elle-même**, et échappe à son contrôle.

---

12 Une question rhétorique est une question qui n'appelle pas de réponse. Exemple : « *Tu te moques de moi ?* »

Après réflexion, Ben Ross accepte d'avoir un garde du corps. Le visage de Robert s'illumine et il affiche un grand sourire.

Toutefois, **M. Ross sait ce que ce choix implique** : en prenant un garde du corps, il devient quelqu'un « d'important ». **Il essaye toutefois de se rassurer** : tout cela fait partie de l'expérience et contribue à maintenir son image de *leader*.

Remarques et commentaires

On note un point étrange dans ce chapitre, au niveau chronologique : Laurie aurait trouvé l'article anonyme « *le lendemain* », mais la deuxième partie du chapitre commence avec le départ de Ben Ross du bureau du principal Owens.

- Soit « *le lendemain* » fait peut-être référence à la dernière fois que Laurie est apparue, au chapitre neuf, parlant avec sa mère - auquel cas, c'est le même jour que le directeur Owens a parlé avec Ben Ross au chapitre 10.
- Soit Ben Ross a vu Owens une deuxième fois, le lendemain de la discussion du chapitre dix.

On observe aussi **une certaine ironie** : Ben Ross constate que des ordres sont donnés en son nom, alors qu'il n'en est pas à l'origine. Pourtant, il ne semble pas protester.

D'autre part, il est prêt à accepter un garde du corps pour l'aider à consolider son statut de « *leader* ». Il est devenu le « *chef suprême* » de la Vague à ce stade.

> Cette dénomination **fait d'ailleurs penser aux titres que certains dictateurs ont pris**, par le passé : *der Führer* (« *le meneur* », pour Hitler), *Il Duce* (« *le chef* », « *le guide* », pour Mussolini), le « *Grand guide des peuples* » (Великий вождь народов, pour Staline), …

Dans le cadre de l'expérience, Ben Ross estime qu'il paraît intéressant d'être protégé par quelqu'un. Mais on sent qu'il se voile la face. **Tout cela nourrit surtout sa fierté et son égo**. D'ailleurs, l'auteur Todd Strasser va dans ce sens : **Ben Ross est absorbé par l'expérience** malgré lui, et apprécie l'attention qu'on lui porte.

Pour résumer, le mouvement a pris vie et devient presque **indépendant** par rapport à son créateur. **L'esprit de groupe est maintenant très fort**.

Chapitre 12

Résumé

Laurie repense à la **lettre anonyme** et ressent quelque peur. Ce mouvement la rend « ***mal à l'aise*** ». Elle ne sait pas si elle va vraiment aller au meeting de la Vague. Soudain, elle entend crier dehors. Elle voit une foule de lycéens autour de deux jeunes qui se bagarrent.

Elle aperçoit **Brian Ammon qui se bat avec un autre garçon !** Un professeur s'approche pour emmener les deux jeunes au principal. Brian hurle les trois slogans la Vague pendant qu'il est traîné.

David surprend Laurie et lui dit que l'autre garçon est Deutsch ; Brian et Deutsch se sont battus, car ce dernier, le deuxième *quaterback,* **a décidé de ne pas rejoindre la Vague**. D'après David, Deutsch ruine le travail d'équipe que la Vague essaie de promouvoir.

David regarde la pendule et dit à Laurie qu'il faut aller au meeting de la Vague, mais Laurie lui annonce qu'elle n'ira pas. David est très étonné. **Il encourage Laurie à y aller** car elle est très admirée par les autres, mais elle refuse en bloc. **David est furieux** : il accuse sa petite amie de ne pas vouloir s'impliquer. Laurie dit qu'il prend tout ça « *un peu trop au sérieux* ». David confirme qu'il apprécie la Vague car elle met tout le monde « ***sur un pied d'égalité*** ». Laurie n'est pas impressionnée et est même « *sarcastique* » : « *Waouh, génial !* », répond-elle ironiquement.

David est surpris. Il ne comprend pas la réaction de Laurie, qui reproche à David d'être « ***trop idéaliste*** » à vouloir une société soi-disant parfaite, et estime qu'il y aura toujours des gens qui ne voudront pas faire partie de la Vague.

David est vexé. **D'après lui, elle refuse donc l'égalité** prônée par la Vague, car à présent elle n'est plus la meilleure élève ni la fille la plus populaire de la classe. Laurie lui répond que ce n'est pas vrai et lui crie : « *David, arrête de faire l'idiot !* » David lui répond sèchement : « *Si je suis idiot, pourquoi tu ne vas pas trouver un mec intelligent ?* » Il s'en va au meeting et **la laisse sur place**, hébétée, sonnée.

Dehors, il y a beaucoup de bruit au gymnase : le meeting est visiblement un succès. Laurie s'est réfugiée au bureau du *Gordon Grapevine.* Elle est très tendue et réfléchit à ce qu'elle est censée faire.

Quelques minutes plus tard, elle entend quelqu'un qui essaye de tourner la poignée de porte. Inquiète, elle réalise finalement que c'est Alex, qui a lui aussi choisi de ne pas assister à la rencontre. Cari apparaît ensuite : il est allé au rassemblement mais n'est pas resté très longtemps.

Laurie décide qu'il est temps de publier le prochain numéro du *Grapevine* concernant la Vague, avant que le mouvement ne prenne trop d'ampleur. Elle propose à ses deux amis de rassembler les gens chez elle, le dimanche à 14 heures, et leur demande de n'inviter que les « *non-membres* » (de la Vague).

Le soir venu, Laurie se retrouve seule dans sa chambre. Elle avait rendez-vous avec David ce soir-là mais il n'est pas venu. Il est 22h30 et elle comprend qu'il ne viendra pas. Elle trouve cela triste qu'un « *détail* » (la Vague) ait causé leur dispute… puis réalise brusquement que la Vague n'est plus un simple « *détail* » à présent.

Laurie essaye de rédiger son article mais n'a pas d'inspiration. Sa mère vient la voir mais Laurie ne veut pas parler avec elle. Dans sa chambre, la jeune fille verse quelques larmes, dépassée par la situation.

Finalement, quelqu'un ouvre sa porte. C'est le père de Laurie. Elle est surprise de le voir car il ne se mêle pas de ses affaires, d'habitude.

M. Saunders raconte à Laurie une histoire qu'il a entendue au golf : un garçon aurait été frappé parce qu'il refusait de participer au meeting de la Vague. Or, ce garçon est un Juif. M. Saunders se demande si cela a un rapport. Sa fille est effarée. Elle ne peut pas croire que c'est à cause de la Vague.

M. Saunders trouve que la situation prend des « *proportions inquiétantes* », et Laurie acquiesce. Il ajoute que plusieurs parents prévoient d'en parler avec le principal Owens. Laurie dit à son père qu'elle a l'intention de **dénoncer les dérives de la Vague** dans le prochain numéro du *Gordon Grapevine.* M. Saunders pense que c'est une bonne idée, mais lui demande d'être prudente.

Remarques et commentaires

Laurie fait preuve d'intelligence : elle ne veut pas que son image de « star » soit instrumentalisée pour persuader les jeunes d'adhérer à la Vague. Elle a compris que c'était une forme de manipulation : **elle préfère que les jeunes se fassent leur propre opinion**.

En outre, le bureau du *Gordon Grapevine* devient *de facto* un refuge pour les dissidents de la Vague. Cela annonce le rôle que jouera la revue, en révélant les graves dérives du groupe. L'incident avec le garçon juif est le **point tournant** de La Vague, car c'est un rappel direct aux persécutions infligées par les nazis.

Cependant, on note une **grosse différence** : les Juifs n'étaient pas autorisés à rejoindre les nazis à cause de leur identité propre. Or, ici, le harcèlement n'est pas basé sur un critère racial : le jeune garçon juif aurait été rejeté après avoir refusé de rejoindre la Vague, ce qui est bien différent.

Chapitre 13

Résumé

Le samedi après-midi, Laurie retrouve Amy au match de football américain. C'est une habitude : depuis trois ans, elles assistent ensemble à tous les matchs du samedi. **Laurie a hâte de retrouver son amie**, pour lui raconter ce que son père lui a appris. **Elle est persuadée qu'Amy réfléchira et comprendra son erreur**. Elle espère aussi qu'Amy rejoindra son camp et qu'elle acceptera de parler à David en son nom.

Le stade est rempli ! Jamais il n'y a eu autant de monde.

Laurie aperçoit Amy en haut des tribunes. Elle atteint les marches pour la rejoindre, mais soudain quelqu'un l'arrête : « ***Stop !*** ». C'est Brad.

Calmement, les sourcils froncés, Il demande à Laurie de faire le salut pour passer.

Elle doit le faire car « ils » (les membres de la Vague) l'ont décidé : **il faut faire le salut** pour s'asseoir sur le côté des gradins où Laurie veut être assise.

Laurie **refuse de le faire**. Brad, gêné, la presse de faire ce « *salut débile* » pour ne pas compliquer les choses. Laurie est « *inflexible* » : « *Jamais de la vie, c'est vraiment ridicule.* » Elle veut le faire réagir : « *Même toi, tu vois bien que c'est ridicule.* » Brad détourne le regard et finit par céder : il accepte que Laurie passe. Mais la jeune fille est très remontée : cette histoire « *dépasse les bornes* ». Elle décide de ne pas monter et provoque Brad : « *Pourquoi tu te laisses faire ?* ». **Brad évite sa question** en disant : « *Je n'ai pas le temps de discuter* », mais Laurie ne le lâche pas : « *Tu as peur ?* » **Brad est un peu confus**. Il répond qu'il n'a « *peur de personne* » et **la met en garde** : les gens ont remarqué qu'elle n'était pas au rassemblement vendredi. Elle répond : « *Et alors ?* », et il reprend : « *Et alors rien.* ***Je te préviens, c'est tout.*** » Laurie est estomaquée, « *frappée d'horreur* » par ce qu'elle vient d'entendre. Elle veut que Brad s'explique un peu plus, mais une action du match lui détourne l'attention.

Le dimanche après-midi, une partie du personnel du *Gordon Grapevine* se réunit chez Laurie, dans le salon, pour préparer le **numéro spécial « *presque entièrement consacré* » à la Vague**. Tous remarquent que **plusieurs personnes sont absentes**. Laurie demande à savoir pourquoi, mais personne n'ose parler. Cari prend la parole. Il a sa petite idée : à son avis, **certains ont peur de défier la Vague**.

Alex, contrarié, se montre déterminé à combattre la Vague « *jusqu'à la fin* ». Il se calme, puis les **jeunes se mettent à travailler dans une ambiance un peu lourde**, à cause de l'absence de leurs amis.

Le numéro contiendra donc :
- l'**éditorial de Laurie**, la rédactrice en chef,
- la **lettre anonyme**,
- un **reportage de Cari** sur l'agression de l'élève de seconde.

  *On apprend que ce jeune a été tabassé par deux voyous mais n'a pas été gravement blessé. On ne sait pas si c'est clairement la faute de la Vague. Peut-être que la Vague n'était qu'un prétexte utilisé par des voyous pour le brutaliser ; un des agresseurs l'a d'ailleurs traité de "**sale juif**". Cari a interrogé les parents du jeune garçon : ses parents l'ont retiré du lycée, et ils ont prévu de parler au principal Owens le lundi matin.*
- d'**autres entretiens** avec des « *parents inquiets et de professeurs préoccupés* ».

Laurie a été occupée presque tout le samedi par la rédaction de l'éditorial. C'est un texte **très sévère, « *le plus virulent* »**. Laurie condamne la Vague en écrivant que ce mouvement est « ***stupide*** » et « ***dangereux*** », qu'il **supprime la liberté de parole et de pensée** et s'élève contre tous les principes fondateurs du pays. Elle souligne que le mouvement a **fait plus de mal que de bien** et n'a même pas pu faire gagner l'équipe du lycée, les « *Gladiateurs du lycée Gordon* » qui ont perdu 42 à 6.

Cari et Alex s'engagent à apporter la maquette du journal chez l'imprimeur à la première heure, le lendemain matin ; **le journal sortira lundi à midi**.

Remarques et commentaires

L'agression antisémite a joué le rôle de déclencheur. Toutefois, elle n'est pas liée directement à la Vague : jamais la Vague n'a incité, par elle-même, à la haine des Juifs (contrairement au nazisme). **On comprend donc que le facteur racial ou ethnique n'est pas indispensable pour qu'un mouvement totalitaire naisse et s'épanouisse.** En effet, la Vague a pu croître bien qu'aucun composante haineuse n'y soit présente à l'origine.

De cette façon, **l'idéal américain d'ouverture et de tolérance** est encore préservé dans le roman. Néanmoins, l'auteur laisse entendre que le fascisme pourrait prendre le dessus et détruire ces valeurs. La possibilité paraît en effet crédible : le garçon juif n'a pas été harcelé par des étudiants cherchant à recruter pour la Vague, mais par des voyous qui ont utilisé la Vague comme prétexte pour justifier leur comportement.

Cela n'excuse toutefois pas la Vague, car c'est la présence même du mouvement qui permet à ces voyous de se couvrir pour mener leurs actions malsaines. Si l'on considère la Vague comme un **mouvement autonome et sans contrôle**, ces actions sont logiques : elles peuvent être considérées comme une conséquence directe de la **mentalité de groupe**, s'affirmant de manière inattendue.

La défaite de l'équipe de football du lycée est l'autre grand tournant du roman : elle montre que La Vague n'est pas la panacée (c'est-à-dire la solution à tout), qui était tant recherchée par beaucoup de ses partisans. Il n'y a pas de recette miracle permettant de résoudre tous les problèmes, même si cette idée paraît séduisante.

Chapitre 14

Résumé

Lundi matin, avant la sortie du journal du lycée, Laurie retrouve Amy à la bibliothèque et lui montre l'éditorial. Laurie espère qu'en lisant l'article, Amy comprendra le danger de la Vague.

Amy lit l'article et n'en croit pas ses yeux. Laurie lui dit qu'elle veut publier l'article, mais **Amy montre son vif désaccord**. Laurie persiste et attaque la Vague : ce mouvement « *fait plus de mal aux gens que de bien* », et à cause de lui on se croirait dans le film d'horreur *La Nuit des morts vivants*. **Amy proteste**. Elle défend la Vague au motif que tout le monde est maintenant égal. Elle cite son propre exemple : pour la première fois depuis 3 ans, elle ne ressent plus le besoin de rivaliser avec Laurie pour attirer l'attention, car la Vague a mis tout le monde sur un pied d'égalité. Amy pense donc que Laurie n'aime pas la Vague car elle n'est plus la « *petite princesse du lycée* » ! Laurie est **sous le choc** devant les dures paroles d'Amy. Elle se met en colère et affirme : « *Que tu le veuilles ou non, je publierai mon article.* » Amy lui dit de ne pas faire ça, mais Laurie persiste. Le regard d'Amy change alors soudainement. Elle jette un regard froid à Laurie, regarde sa montre, lui dit : « *Il faut que j'y aille* » et s'en va, laissant Laurie seule dans la bibliothèque.

Le journal est publié. C'est le plus grand succès du *Gordon Grapevine*. L'histoire du jeune de seconde tabassé met le feu aux poudres : on apprend que d'autres jeunes ayant résisté à la Vague ont **reçu des menaces et souffert d'abus**.

Une **rumeur** court : des parents et des enseignants se plaignent depuis le matin au bureau du principal Owens, tandis que des psychologues interrogent des élèves.

Ben Ross tombe sur un exemplaire du journal. Il le lit et commence à avoir un fort mal de tête. Il est consterné, abattu par cette histoire d'agression.

Comment en est-on arrivé là ? Il se sent un peu responsable. Le professeur repense aussi à la **défaite de l'équipe de football face à Clarkstown** : il espérait la victoire de l'équipe (alors qu'il n'aime pas le sport normalement). L'échec l'a attristé ; il voulait un succès pour que la Vague se renforce.

Ben se lève pour prendre des cachets. Arrivé à l'armoire à pharmacie, il entend l'entraîneur Norm Schiller parlant avec quelqu'un d'autre (sans doute un professeur) dans le couloir. Norm Schiller explique que la défaite de l'équipe est logique : même si la Vague a donné aux jeunes un moral d'acier, leur manque d'entraînement a été fatal. L'autre personne est **très dur envers la Vague et Ben Ross** : d'après lui, le professeur a fait un vrai « ***lavage de cerveau*** » aux jeunes. Il « *n'aime pas ça du tout* » cela et n'est pas le seul : d'autres enseignants se sont plaints. Il est agacé et se demande : « *De quel droit a-t-il transformé ce lycée en laboratoire ?* » Entendant les hommes entrer dans la salle, Ben Ross se réfugie dans les toilettes et prend de l'aspirine. Il est très tendu et a mal à la tête. Il évite de se regarder dans le miroir. A-t-il honte de lui ? S'est-il « *accidentellement glissé dans la peau d'un dictateur* » ?

De son côté, **David Collins est dépité** : la Vague n'a pas suffi pour faire gagner son équipe, même si elle a **renforcé l'esprit d'équipe**. Néanmoins, il reste **lucide et réaliste** : il sait bien qu'en cinq jours, la Vague ne peut pas transformer le groupe ! Ce n'est pas un « *médicament miraculeux !* »

Il rencontre d'autres membres sur la pelouse de l'école : Robert ainsi que des élèves de M. Ross. David lit le journal du lycée ; l'article de Laurie le rend « *presque malade* ». Il n'arrive pas à y croire. Pour lui, cette histoire d'agression est inventée ; il ne comprend pas l'acharnement de Laurie et « *ses copains* » contre la Vague.

Tandis que David se montre très étonné, Robert Billings est exaspéré. Il n'accepte pas ces critiques de Laurie. À l'inverse, **David est diplomate et tolérant** : il dit que ce n'est « *pas si important* » et que « *tout le monde se fiche de ce qu'elle peut bien écrire ou penser* ». **David défend donc le droit d'avoir sa propre opinion et de l'exprimer**. Toutefois, Amy, Eric, et surtout Robert ne sont pas d'accord. Robert devient **très dur** : il dit avec un ton « *sinistre* » que Laurie « ***représente une vraie menace*** » et qu'il faut « ***l'arrêter*** ». David est sur le point de protester, mais **Brian le** coupe. Il rassure Robert en disant : « *T'inquiète Robert, David et moi, on peut s'occuper de Laurie* ».

Seul avec Brian, David lui confie qu'il est **inquiet de l'attitude de Robert**. Brian le calme. Il affirme que Robert n'a pas tort, dans le fond. Brian propose à David d'aller parler à Laurie après les cours, pour lui dire « *de se calmer* » ; Brian, tout comme Robert et les autres, voudrait que Laurie cesse son combat contre la Vague.

Remarques et commentaires

Les accusations d'Amy contre Laurie font écho aux accusations de David au chapitre 12. Cependant, ces propos ont plus de poids, puisqu'**Amy vit effectivement dans l'ombre de Laurie,** ou du moins le croit. L'emploi du terme « *princesse* » est particulièrement mordant, car il indique une supériorité non méritée, ainsi qu'une attitude élitiste. La Vague a permis de **mettre au jour des rivalités qui existaient**.

Cet épisode fait penser à l'antisémitisme (ou plutôt la judéophobie) en Europe : les préjugés et inimitiés contre les juifs existent depuis des siècles en Europe. Toutefois, la haine ne s'est exprimée de façon généralisée qu'en de rares occasions, **lorsque cette violence a pu prendre forme** au travers d'un élément externe.

Outre les tyrannies commises par le pouvoir nazi au XXème siècle, on peut penser par exemple à la **persécution des juifs en Espagne au XIVème siècle,** ayant occasionné des massacres et des conversions forcées au christianisme (notamment lors des persécutions de 1391, occasionnant des milliers de morts).

Massacres des juifs à Barcelone en 1391, par Josep Segrelles, 1910

À chaque fois, **c'est un personnage ou une occasion particulière qui réveilla les rancœurs cachées**. En Espagne, ce furent les prédications anti-juives de Ferrán Martínez qui excitèrent le rejet des juifs. En Allemagne, ce fut le mouvement nazi mené par Adolf Hitler qui suscita le déferlement de violence contre des minorités, en premier lieu les Juifs.

Ici, **c'est la Vague qui accentue des divisions latentes** : la jalousie dissimulée d'Amy contre Laurie se manifeste au grand jour.

Notez aussi la référence de Laurie à *La Nuit des morts vivants* : ce film célèbre des années 70 (un des premiers films sur les zombies) est une métaphore de la **mentalité des foules**. Cette référence donnait un ton d'actualité à ce roman des années 80, et permettait aux lecteurs de mieux identifier la scène.

Ici, Laurie ne veut pas être un zombie comme Amy, alors qu'Amy souhaite que Laurie cesse d'être une « *princesse* » (ce qui crée un contraste intéressant).

On voit que la Vague fonctionne un peu comme une **secte : les avis critiques sont interdits et les opposants sont marginalisés**. Lorsque les membres de la Vague commettent des méfaits, on les cache et on n'en parle pas. Ainsi, David est **stupéfait** d'apprendre les controverses autour de la Vague, en lisant le journal *Gordon Grapevine*. Ces « *histoires d'agressions et de menaces* » avaient été étouffées jusque-là : David n'en avait pas connaissance.

D'ailleurs, **l'idéalisme et la gentillesse de David** se retrouvent dans sa vision des choses, comme on le lit dans ce chapitre :

- Premièrement, il comprend que La Vague n'est pas un « *médicament miraculeux* », et que son intérêt était d'apporter à l'équipe un sentiment d'unité. Il a une attitude mature à l'égard de ce que la Vague peut et ne peut pas réaliser.
- Deuxièmement, il reconnaît à Laurie le droit d'avoir une vision opposée à la Vague. David est **très tolérant**. Il pense qu'une pluralité d'opinions peut exister au sein d'un collectif puissant.

Cette vision n'est pas partagée par d'autres, en particulier par Robert. Ce dernier est **très protecteur envers la Vague**. On en voit ici une manifestation extrême. Cette attitude protectrice est également visible dans l'offre de Brian, qui souhaite que David parle à Laurie.

Ici, il faut être lucide : **le comportement de Brian n'est pas forcément meilleur que celui de Robert**. Brian pourrait être plus dangereux, car il cherche non seulement à garder Laurie dans le droit chemin, mais aussi à tester la fidélité de David à la Vague. **Il faut parfois se méfier de ses amis**…

Souvent, dans l'histoire, ce sont des « amis » qui ont trahi un de leurs associés. Les exemples sont très nombreux.

On peut penser par exemple à **Joseph-Désiré Mobotu** (1930-1997), proche du président du Congo Kinshasa, **Patrice Lumumba** (1925-1961).

Patrice Lumumba *(au premier plan) et son conseiller de l'ombre,* ***Joseph-Désiré Mobutu*** *(en arrière-plan).*

Mobutu profite de la révocation de Lumumba en 1960 pour prendre le pouvoir par coup d'État, soutenu par les Etats-Unis et la Belgique. Il accuse son ancien compagnon d'être pro-communiste.

Plus tard, Lumumba est arrêté par les troupes du colonel Mobutu. Il est assassiné en 1961 dans des circonstances obscures.

Mobutu prend le pouvoir en 1965 et s'autoproclame « maréchal-président » en 1982. Mobutu dirigera la République Démocratique du Congo (qu'il renommera « Zaïre ») d'une main de fer, de 1965 à 1997. Le tout avec la complaisance des démocraties occidentales.

Ainsi, le faux ami est plus dangereux que l'ennemi déclaré…

Chapitre 15

Résumé

Christy Ross rentre à la maison après la répétition de la chorale. Elle trouve son mari Ben train de lire un livre consacré aux Jeunesse Hitlériennes.

Ben est agacé et ne se sent pas bien, par rapport à tout ce qui passe. Christy veut discuter avec lui, ce qu'il accepte de faire, même s'il désirait poursuivre sa lecture.

Christy se montre **très sévère** par apport à la « *Vague chérie* » de son mari qui, d'après elle, « *sème le chaos* ». **Trois profs se sont même plaints** au principal. **Ben se défend** : il dit que les autres ne comprennent pas ce qu'il essaye de faire. D'après eux, Ben aurait soif de pouvoir et voudrait satisfaire son égo.

Ben exprime son désaccord. De plus, il est très frustré que sa femme ne le soutienne pas plus. Christy lui dit qu'elle reste de son côté, mais qu'elle ne le reconnaît plus depuis quelques jours. Elle pense qu'il faut « ***tout arrêter*** ». Ben refuse cette idée : **pour lui, il faut aller jusqu'au bout de l'expérience, sinon cela ne servirait à rien et les élèves ne tireraient aucun enseignement !** Ben veut leur donner la leçon « *la plus importante de leur vie* ». Christy est **sceptique**. Elle lui annonce que le principal Owens veut le voir, dès le lendemain matin.

De son côté, **la jeune équipe du journal *Gordon Grapevine* célèbre sa réussite** : la dernière édition est un énorme succès ! De plus, le corps enseignant, des employés administratifs et des élèves ont remercié l'équipe d'avoir **révélé la « face obscure » de la Vague**. L'équipe est consciente qu'elle ne peut pas arrêter la Vague, mais au moins, elle lui a porté un « *sacré coup* ».

La fête se termine et les gens s'en vont… sauf la rédactrice en chef du journal, Laurie. Elle se retrouve à devoir tout ranger et nettoyer, seule. Il fait déjà nuit et **elle s'inquiète un peu** : le lycée est désert. Elle va à son casier pour déposer un livre. Au moment de l'ouvrir, elle trouve le mot « ***ennemie*** » peint en rouge sur la porte.

Laurie a peur, son cœur bat la chamade. Elle essaye de se calmer pour ouvrir le cadenas mais entend soudain un **bruit** : on dirait un bruit de pas. Puis elle en entend d'autres. Paniquée, elle **se met à courir vers la sortie**. Elle tente d'ouvrir la première double-porte en métal mais elle est fermée. Elle se jette alors sur une deuxième double-porte, qui cède : **Laurie est enfin à l'extérieur. Elle s'enfuit à toute vitesse**, ses livres serrés contre elle.

David et Brian attendent dans la camionnette près des courts de tennis, où Laurie passe d'habitude en rentrant chez elle. Cela fait presque une heure qu'ils l'attendent. Elle apparaît enfin, marchant d'un pas pressé.

David descend du fourgon et aborde Laurie, qui continue de marcher. Elle ne veut pas parler avec lui et lui répond : « *Laisse-moi tranquille* ». **David est insistant** et l'avertit : « *Laurie, tu dois arrêter d'écrire contre la Vague. Tu causes des problèmes.* » Laurie s'en moque et répond qu'**elle quitte le mouvement**. David essaye de défendre la Vague : il dit que l'agression du jeune garçon n'était qu'un « *accident* ».

En désespoir de cause, David essaye d'arrêter Laurie en lui **prenant le bras**. Laurie s'écrie : « *Lâche-moi !* » tandis que David lui répète : « *tu dois arrêter ce que tu fais* ». Laurie se débat puis **hurle** : « ***J'ÉCRIRAI ET JE DIRAI CE QUE VEUX ET TU NE PEUX PAS M'EN EMPÊCHER !*** »

David est aveuglé par la colère et attrape l'autre bras de Laurie. Il ne comprend pas qu'elle ne voie pas le bien dans la Vague. Laurie se débat et n'en peut plus. Elle crie : « ***JE TE DÉTESTE ! JE DÉTESTE LA VAGUE ! JE VOUS DÉTESTE TOUS !*** »

David est secoué : il reçoit ces paroles « *comme une gifle* ». Il est presque hors de lui et crie à Laurie : « *LA FERME !* » puis la pousse. **Laurie tombe par terre**, sur l'herbe. **Le garçon est très surpris par ce qu'il vient de faire**. Laurie commence à pleurer, David la prend dans ses bras.

Son mauvais acte agit comme un électrochoc : David réalise qu'il se voilait la face depuis le début. **Laurie avait raison : la Vague pouvait être dangereuse**. Ce qu'il venait de faire en était une preuve : il était comme ensorcelé et n'a pas réussi à se contrôler. Il a fait du mal à la personne qu'il aime ! Au même moment, la camionnette de Brian passe à côté et descend la rue, puis disparaît.

Chez les Ross, le même soir, Christy interrompt son mari en plein travail. Elle veut lui parler : elle lui demande de **mettre fin à la Vague dès le lendemain** ; Christy pense qu'il doit cesser l'expérience avant que le principal Owens ne le fasse.

Christy adresse un **reproche** à son mari : il n'a pas assez réfléchi aux conséquences possibles si son expérience échouait. **Sa réputation pourrait être ruinée et leur carrière en danger** (Christy est également prof dans ce lycée). Ben s'interroge : comment arrêter l'expérience sans « *laisser tomber* » ses élèves ?! Sa femme est inflexible : elle lui répond qu'**il doit arrêter l'expérience, « *un point c'est tout.* »**

Ben est pensif : arrêter la Vague sans explication serait absurde ! Cela ruinerait toute l'expérience ! **Il avoue à sa femme qu'il ne sait pas comment mettre fin à la Vague**. Christy lui répond de façon sèche : « *Ben, tu es censé être le chef de la Vague. Tu décides, et ils obéissent aveuglément, non ?* » Même s'il est vexé, Ben sait qu'elle a raison. Il a conscience qu'il est fautif : **il s'est laissé emporter et a pris goût au pouvoir !**

Ben a alors une idée. Il n'est toutefois pas sûr que cela marchera. Ben le lui dit, Christy hoche la tête. Puis, après lui avoir embrassé le front moite de son mari, elle se dirige vers la chambre pour aller dormir.

Soudain, **la sonnerie de la maison retentit** : David Collins et Laurie Saunders sont à la porte. Ils demandent à lui parler : « *c'est très important* ». Ben les accueille au salon. Ils ont l'air « *bouleversés* ». Laurie prend la parole, et **lui dit que la Vague est allée trop loin**. David affirme qu'elle a pris le contrôle de l'école et que plus personne n'ose la critiquer. **La peur a envahi le lycée**.

Ben écoute ces arguments. Au fond de lui, il est satisfait car **l'expérience a été un succès** : un climat de peur s'est bien installé, comme sous le régime nazi. De plus, la méfiance s'est installée entre les gens, alors qu'ils étaient amis initialement. Il repense aux minorités attaquées (notamment les Juifs) sans qu'elles n'aient pu l'anticiper clairement.

David confie à son enseignant qu'il a « *failli faire du mal à Laurie à cause de la Vague* ». Laurie est catégorique : « *Il faut que vous arrêtiez tout* ». Ben est d'accord et les rassure : « *c'est ce que je vais faire* ». David demande des détails mais **M. Ross ne peut pas leur dévoiler son plan**. Ils doivent lui faire confiance.

Avant de partir, il leur demande s'il existe des élèves que les membres de la Vague ne connaissent pas. Ils répondent par la positive : **Alex Cooper et Cari Block ne sont pas dans le mouvement**. Ben retient l'information (il utilisera ces jeunes pour réaliser son plan, car les membres de la Vague ne s'apercevront pas de leur absence durant le meeting).

Ben Ross veut que David et Laurie gardent le silence et fassent comme si de rien n'était, le lendemain, pendant le cours. David accepte mais Laurie est sceptique. Son professeur est insistant : « *Tu dois me faire confiance.* » Elle acquiesce finalement. Les deux jeunes s'en vont.

Remarques et commentaires

L'effet de la Vague se fait sentir : l'éloignement de Brian est inquiétant. Peut-être pense-t-il que David va abandonner la Vague. Cela crée un **suspense** : que va-t-il se passer ? Est-ce que Brian pense que David l'a trahi en restant avec Laurie ?

Par ailleurs, Laurie recommande Alex et Cari auprès de M. Ross. Cela montre leur valeur : ils sont des rebelles, **des « insoumis »**. Le professeur Ben Ross va donc les solliciter dans le but de mettre fin à son expérience. Mais heureusement que M. Ross avait de bonnes intentions ! S'il était malintentionné, **le chef de la Vague aurait pu les instrumentaliser pour renforcer encore le mouvement !** Ainsi, il aurait pu mettre en place une fausse attaque contre la Vague et les désigner comme les coupables, afin de renforcer la cohésion du mouvement (en lui inventant des ennemis). C'est ce qu'on appelle une « **attaque sous fausse bannière** » (*false flag*).

Enfin, ce chapitre illustre l'importance de la **liberté de la presse** : les journalistes engagés sont des lanceurs d'alerte face aux dérives du pouvoir en place.

En 1933, peu après l'arrivée au pouvoir d'Hitler, c'est l'**incendie du Reichstag** (l'équivalent de l'Assemblée Nationale en France), à Berlin. Immédiatement, les groupes communistes allemands sont accusés, et certains de leurs membres sont emprisonnés voire tués. On suspecte que l'incendie a été perpétré par les nazis, au travers d'une attaque sous fausse bannière. Toutefois, des historiens émettent des doutes quant à cette version.

Le Reichstag en flammes, 27-28 février 1933

S'il s'avère que l'incendie a été commandité par les nazis, c'est un **coup de maître** : non seulement des adversaires ont été mis hors-jeu, mais en plus, cet incendie a créé un « **choc** »[13] qui a renforcé le pouvoir du parti national-socialiste. Cet acte criminel est un prétexte pour restreindre les libertés, puisqu'un décret en ce sens est immédiatement signé par le président Hindenburg (il s'agit de la *Reichstagsbrandverordnung*, c'est-à-dire le décret de l'incendie du Reichstag, datant du 28 février 1933). En définitive, Hitler et les nazis ressortent gagnants de cette opération.

On comprend qu'un **pouvoir peut manipuler ses ennemis ou même en inventer de toutes pièces**, dans le but de renforcer son autorité et alimenter un climat de méfiance au sein de la population.

La Vague a eu un **effet double** sur Ben Ross : elle lui a conféré une **autorité nouvelle en tant que leader**, mais son autorité en tant que professeur a diminué. Ainsi, Laurie lui fait beaucoup moins confiance qu'avant, car elle pense qu'il est allé trop loin. Même si Ben Ross est admiré par les jeunes membres de la Vague, il suscite maintenant de la **méfiance** de la part de certains élèves et surtout de certains parents ainsi que de son supérieur (le principal Owens).

---

[13] On peut ici penser à la « ***Théorie du choc*** » élaborée par Naomi Klein : créer un choc sur la population permet de faire adopter des mesures inacceptables en temps normal. Ainsi, on cite parfois le "*Patriot Act*" adopté aux Etats-Unis après les attentats du 11 septembre 2001. Certaines de ses mesures représentent des atteintes à la liberté, qui auraient été rejetées en temps normal.

Chapitre 16

Résumé

Le lendemain matin, le directeur Owens est **furieux**. Et il y a de quoi ! Les enseignants se plaignent des élèves qui sèchent leurs cours, tandis que les **parents inquiets** appellent le lycée. Même le rabbin du jeune Juif agressé est venu le voir !

Ben est tendu et transpire. Il admet qu'il a « ***commis une erreur*** ». Toutefois, le professeur reste positif : il explique qu'il n'est pas trop tard pour en tirer un **enseignement** et demande un **délai jusqu'au soir**. Owens est inquiet : que dire aux parents ? Ben répond qu'**ils doivent juste patienter un peu** car tout sera fini le soir même.

Owens accepte mais lui pose un **ultimatum**[14] : si M. Ross ne règle pas le problème le soir même, il devra **démissionner**. M. Owens souhaite que le plan de M. Ross fonctionne, car il apprécie ce professeur.

Une fois sorti, M. Ross va vite **trouver Alex Cooper et Cari Block**, pour organiser son coup le plus rapidement possible.

Plus tard, il commence son cours d'histoire, et fait une **annonce très spéciale : un meeting aura lieu le soir même, à 17h, dans l'auditorium du lycée**… et seulement pour les membres de la Vague.

Pourquoi ce meeting ? M. Ross prétend que le mouvement de la Vague a fait tache d'huile et qu'il **s'est répandu dans le pays.** Il leur dit que maintenant, leur mission est de redresser le pays.

David est **consterné** : il pensait que M. Ross allait arrêter le mouvement, pourtant on dirait que c'est tout l'inverse ! Il semble vouloir étendre la Vague ! **David veut protester mais M. Ross l'interrompt immédiatement** et annonce soudain que **le fondateur et leader national de la Vague** s'exprimera pendant le meeting !

Les jeunes poussent des « hourras » ! David et Laurie, eux, sont **abasourdis** : ils n'en croient pas leurs oreilles et sont **furieux**. Ils protestent et prennent la parole devant la classe, disant : « *N'écoutez pas ce qu'il dit ! Il ment !* » Le public n'est pas d'accord : les jeunes jettent un **regard noir** à David et Laurie.

M. Ross craint que David et Laurie n'en révèlent trop. Il demande à Robert de surveiller le cours et conduit les deux jeunes chez le principal Owens. **David et Laurie se sentent trahis**. Ben Ross comprend leur sentiment mais ne peut pas leur dévoiler son plan.

---

[14] Un ultimatum est une **proposition finale**, qui, si elle n'est pas respectée, peut entraîner une punition.

David et Laurie entrent chez le principal et lui demandent de **bloquer** le meeting de 17 heures. Owens, qui lit un papier mystérieux dans ses mains (un écrit de Ben Ross), **refuse** et se contente de répéter que « *tout irait bien* ». Puis, il leur demande de **retourner en cours**.

Les deux sortent. David est furieux et jette ses livres par terre. Laurie comprend qu'**il s'en veut**. Ils s'en vont au parc, songeurs ; David ne sait plus quoi penser de la Vague et de M. Ross. Laurie, elle, estime que les élèves vont se lasser, mais a néanmoins **peur** pour l'avenir. Tous les deux se sentent rejetés du mouvement. **Cela les rapproche : ils se serrent dans les bras.**

Soudain, Laurie se rappelle du moment où la Vague a commencé. Elle se souvient du documentaire sur le nazisme, puis des mots de David : il avait dit que « *cela n'arriverait plus jamais* ». En réalité, il s'est lourdement trompé ! Laurie n'arrive pas à y croire.

Puis, il lui vient une idée : **elle veut retourner au lycée pour voir le leader national**. David hausse les épaules et hésite : il a peur de « retomber dans le panneau ». Laurie rit et affirme qu'il n'y a « *aucun risque* » !

Remarques et commentaires

Ce chapitre est un des **points « chauds »** (climax) du roman. La **tension dramatique** est extrême : Ben Ross reçoit un avertissement de Owens et risque de perdre son travail. Il fait un pari très dangereux. David et Laurie, eux, se sentent trahis. **On ressent de la sympathie** pour Ben Ross, car on sait qu'il ne veut pas de mal aux jeunes, mais il ne peut pas par leur dévoiler son projet secret (sinon tout risquerait d'échouer).

De façon intéressante, **Laurie fait (enfin) le lien entre la Vague et le nazisme**. Cela permet au lecteur de bien comprendre le but de l'exercice de Ben Ross (dans le cas où il n'aurait pas compris plus tôt).

Toutefois, **la comparaison ne va pas trop loin** : Laurie ne compare pas Ross à Hitler. Si elle l'avait fait, cela aurait abîmé l'image du professeur et aurait beaucoup diminué l'intérêt de l'histoire. **Ce parallèle aurait été injustifié et mauvais pour la morale de l'histoire** car Ben Ross reste une personne gentille et bien intentionnée. De plus, **l'expérience de la Vague a un grand intérêt**, car elle permet de faire grandir les jeunes et leur donne une conscience politique.

Elle montre aussi que cet endoctrinement ne nécessite pas d'avoir un meneur foncièrement mauvais : **un individu particulièrement rusé, sans être diabolique, peut réussir assez aisément à manipuler des foules**. D'ailleurs, beaucoup d'hommes politiques ont aujourd'hui recours à des cours de rhétorique et d'étude comportementale, afin de mieux convaincre leurs potentiels électeurs.

On notera que ce chapitre évoque les **difficultés économiques et sociales** traversées par les États-Unis, à partir des années 70. Ces problèmes n'ont d'ailleurs pas été résolus et persistent jusqu'à maintenant, avec beaucoup d'inégalités qui subsistent. Dans le chapitre, il est question de « *métamorphoser le pays* » pour qu'il soit aussi glorieux qu'avant. Cela fait penser, comme l'évoque Todd Strasser dans un entretien de 2016, au slogan de Donald Trump : « ***Make America Great Again!*** » (« *Rendons sa grandeur à l'Amérique !* »).

TRUMP
MAKE AMERICA GREAT AGAIN!

Chapitre 17

Résumé

Ben Ross observe les **étudiants organisés et disciplinés** se présentant à l'auditorium pour le rallye de la Vague. Beaucoup portent des **bannières et pancartes** de la Vague. M. Ross est songeur : se demande combien de temps la discipline règnera, une fois les jeunes « déprogrammés ».

Vêtu d'une veste et d'une cravate, **Robert coordonne le rallye** et s'assure que les portes de l'auditorium sont toutes verrouillées. Ben attend nerveusement en dehors de la scène, mais est **encouragé par sa femme Christy**. Il entre ensuite sur scène, et Robert le rejoint pour lui annoncer que tout est en place.

La foule le salue et répète les slogans de la Vague. Au bout d'un moment, Ben lève les bras et toute le monde se tait. Puis il annonce : « ***Dans un instant, notre leader national s'adressera à vous*** ». Il demande à Robert d'allumer les téléviseurs. Des écrans bleus apparaissent… mais rien ne se passe. Les spectateurs sont étonnés, déboussolés même. Où est le chef ?!

Un élève s'écrie, frustré : « *Il n'y a pas de leader, c'est ça ?!* » ; il est immédiatement évacué par deux gardes de la Vague. Laurie et David profitent de la confusion pour se faufiler à l'intérieur de l'auditorium. Une voix, celle de Cari, s'exclame : « *Si, vous avez un leader !* ». Il tire soudain les rideaux, tandis qu'Alex démarre le projecteur.

Alors, les images d'Adolf Hitler sont projetées à l'écran : il s'agit du documentaire montré en classe par Ben Ross. Puis, apparaissent les images de jeunes hommes ayant combattu durant la Seconde Guerre mondiale, au nom de leur *Führer* (dirigeant), Hitler.

Ben Ross reprend la parole et **réprimande les jeunes**. Il leur montre à quel point ils se sont laissés entraîner. L'égalité apparente dissimulait leur orgueil et un sentiment de supériorité envers les non-membres. Au nom de cette égalité apparente, ils ont abandonné leur liberté et ont suivi aveuglément leur meneur. Ben Ross conclut en disant qu'ils auraient fait de « *bons petits nazis* » et leur donne une leçon : « ***nous sommes tous responsables de nos propres actes, et nous devons toujours réfléchir sur ce que nous faisons plutôt que de suivre un chef aveuglément*** ».

Puis, **M. Ross présente ses excuses** pour son propre rôle dans la création de la Vague, et pour avoir joué le jeu de façon un peu trop poussée.

Cette annonce résonne comme un **cataclysme**. Les élèves sont bouleversés par cette révélation. **Ils ont compris la leçon** et repartent déboussolés. Certains sont en pleurs. La Vague est terminée.

David Collins se réconcilie avec ses coéquipiers Eric et Brian. Ils sont un peu gênés. Laurie tombe nez à nez avec Amy, qui fond en larmes : les deux amies se serrent alors dans les bras.

David aperçoit alors son professeur, M. Ross, qui a l'air **très fatigué**. David lui présente ses excuses pour ne lui avoir pas fait confiance. M. Ross, au contraire, le félicite : **David est l'un des seuls à avoir gardé son esprit critique**. Ben Ross s'en veut de ne pas lui avoir parlé plus tôt de son projet.

Laurie les rejoint et demande à M. Ross quelle sera la suite des événements. Le professeur leur répond qu'ils continueront le programme. Il pense toutefois, avant cela, organiser un cours pour revenir sur l'expérience. David pense que c'est une bonne idée. Finalement, **Laurie est satisfaite de l'expérience** : « *Tout le monde a beaucoup appris* ». David et Laurie s'en vont, **réconciliés**.

Ben s'apprête à partir mais **entend quelqu'un pleurer** : c'est **Robert Billings, qui est en larmes**. Ben Ross est triste de le voir ainsi. Il s'approche de lui pour le réconforter et le complimente sur son costume. Robert esquisse un sourire. **Ben Ross l'invite alors à manger** pour discuter.

Remarques et commentaires

Le terme « ***déprogrammer*** » (au début du chapitre 17) lie explicitement la Vague aux **sectes**. Les sectes changent le mode de pensée des gens, et souvent les victimes des sectes n'en ont pas conscience.

Ben Ross semble avoir appris sa propre leçon, car son entretien avec Robert contraste fortement avec celui du chapitre 3. **Ici, il complimente Robert**, au lieu de le renvoyer à ses échecs. On observe aussi un **effet miroir** : sa remarque reflète celle du principal Owens au chapitre 10, lorsqu'il a complimenté Ben sur son costume.

Thèmes associés

L'ivresse du pouvoir

Comme il l'a souligné lors d'un entretien, l'auteur Todd Strasser veut nous montrer que **l'être humain est faible lorsqu'il est confronté au pouvoir**.

Lorsqu'il débute son expérience, Ben Ross est légèrement mal à l'aise dans son rôle de dirigeant, mais très vite **il y prend goût**. Il apprécie le sentiment de pouvoir et l'attention dont il fait l'objet. Comme l'auteur le dit, « *Cela nourrit son ego et c'est dur d'arrêter* »[15]. Ainsi, personne n'est à l'abri de l'**ivresse du pouvoir** : même une personne bien intentionnée (M. Ross) peut en être victime… alors que dire des personnes malintentionnées !

Le besoin de sécurité

L'auteur souhaitait évoquer le besoin de sécurité de l'être humain, dans son livre. Ce besoin se traduit par la volonté d'avoir une vie sûre et prévisible, et de pouvoir réaliser ses projets.[16]

D'après lui, **le sentiment d'insécurité, qui s'est vraiment installé dans les années 1970, persiste encore de nos jours**. Il alimente les mouvements extrémistes, qui exploitent les peurs de la population et renforce leur désir de sécurité. Ainsi, comme l'indique l'auteur, les ordres stricts de M. Ross alimentent la volonté de sécurité des jeunes : il leur suffit d'obéir aux ordres. **Ils perdent le souci du futur car ils sont guidés par un être supérieur**, et concentrent leurs forces sur leurs objectifs à leur portée (améliorer leurs notes, les performances de l'équipe…). Ce sont de **fausses promesses**, mais on les aime car elles nous apportent un sentiment de contrôle et de sécurité.[17]

D'ailleurs, la société tend aussi à répondre à ce besoin de sécurité en balisant bien le parcours des individus, depuis l'enfance : d'abord les études, puis le travail… **Ce phénomène est à double tranchant** : dès que les citoyens sortent de ce chemin clairement défini, ils peuvent se trouver perdus ou marginalisés. Ainsi en est-il du jeune qui arrête ses études et se retrouve sans travail, ou du jeune diplômé qui saute dans l'inconnu et peut être déboussolé s'il ne trouve pas d'emploi. On peut enfin penser à certains retraités goûtant à une liberté qui leur était peu familière jusque-là, ce qui peut les désarçonner.

---

[15] "*(He) grows to love the way it feeds his ego. It's hard to stop.*" Interview de 2016 avec C. Landsbaum.

[16] "*We have a human need for security—for life to be reliable and predictable and for the plans we make to come true—and I think that today we have that same sense of insecurity as far as where this country's going and where the people in this country are going.*"

[17] "*What does the Wave do? It offers false promises. But we love to hear them because we find security in them.*"

Le manque de recul et d'analyse

Lorsque nos capacités d'analyse s'altèrent, nous avons moins de recul et d'esprit critique. En obéissant à des ordres simples, qui ne sollicitent pas nos méninges, **nous diminuons notre capacité à raisonner** (voir le chapitre 9).

Pour Todd Strasser, ce manque de recul et d'analyse se ressent aujourd'hui. On pourra ainsi penser aux chaînes d'information en continu, qui sont beaucoup dans l'instantanéité. **Notre monde moderne privilégie le temps court par rapport au temps long.** On veut tout, tout de suite. Cela nuit au raisonnement construit.

Références et symboles présents dans le roman

Le symbole principal du roman est bien sûr **la vague**. Le choix de cette image est intelligent : une vague peut être **dévastatrice**, c'est une **force de la nature qui balaie tout sur son passage**. Elle dénote de la **puissance** à laquelle on ne peut pas résister. C'est aussi un élément naturel qui ne fait pas de discrimination : **elle touche tout le monde**.

Trois slogans sont associés à la Vague, qui mettent tous trois l'accent **sur la force**. Toutefois, **le sens profond de ces messages est impossible à définir clairement**. La conséquence est que la rhétorique de la Vague est **insaisissable**, comme l'eau : on ne peut pas définir ce mouvement avec détail, ni l'encadrer strictement. Dès lors, le message de la Vague peut être **incontrôlable** et utilisé pour **justifier n'importe quoi** (comme l'insulte envers le jeune Juif).

Les deux autres groupes du roman illustrent aussi la façon dont un groupe peut fonctionner. Initialement, l'équipe de football américain du lycée Gordon est **désorganisée et désunie**. Puis, David Collins présente le concept de la Vague à l'équipe, dans l'espoir de l'unifier et de renforcer l'esprit d'équipe. Tout le monde n'est pas d'accord pour adhérer à ce groupe, comme on le voit avec Deutsch, qui continue à se battre avec Brian Ammon. Malgré les bonnes intentions de David, l'apparition de la Vague ne parvient pas à mener les Gladiateurs du lycée Gordon à la victoire, dans leur match contre Clarkstown. Cette déception paraît diminuer le prestige de la Vague pour certains.

Parallèlement, le personnel du *Gordon Grapevine* n'est pas toujours sérieux, mais un bon esprit y règne, grâce notamment à Alex Cooper et Cari Block ; les deux amis s'opposent à la Vague, tout en gardant une certaine clairvoyance : ils ne sont pas emportés par leur mouvement de rébellion et savent « pactiser » avec M. Ross.

On observe que les rallyes sont des moments clés, qui aide à définir le développement de la Vague : le rassemblement prévu pour le match devient un rallye de la Vague. Cela montre à quel point le groupe est rapidement devenu influent. Ce grand rassemblement incarne **l'apogée du groupe** et de son image publique. Le second rassemblement est présenté par Ben Ross comme une défense de la Vague après son attaque par le journal *Gordon Grapevine,* mais c'est en réalité un moyen de tuer la Vague, en dévoilant le vrai père spirituel du groupe.

Ces réunions publiques rappellent bien sûr les fameux **rassemblements organisés par les nazis** pendant la montée au pouvoir d'Hitler, en particulier ceux de Nuremberg (dans le sud de l'Allemagne). Ces réunions étaient très frappantes, elles marquaient l'esprit par leur **ordre** et leur **discipline**. Des dizaines de milliers de personnes étaient réunies en obéissant à une organisation militaire, ce qui faisait forte impression.

Rassemblement de Nuremberg, 1934

Un autre moment-clé du roman est la scène du dîner. Les lecteurs se joignent aux Ross et aux Saunders à la maison : les deux familles discutent du pour et du contre de la Vague, selon deux perspectives distinctes. De cette manière, **l'influence de La Vague s'étend au-delà d'un simple cours d'histoire** : l'ensemble de l'école est concerné, ainsi que la communauté qui l'entoure.

Les **médias de masse** ont aussi leur rôle à jouer. Des publications réelles sont présentes dans le roman, comme une bande dessinée de Spider-Man ou encore le Time magazine. La première publication illustre le manque d'ambition, l'autre au contraire symbolise la réussite. Par ailleurs, le journal du lycée devient **la voix la plus puissante de la dissidence** contre la Vague et son pouvoir envahissant. Ainsi, ce n'est pas un hasard si l'histoire commence dans le bureau du journal *Gordon Grapevine*. De plus, l'héroïne est la rédactrice-en-chef de ce même journal.

Et justement, Laurie est l'une des premières à se méfier du mouvement la Vague. On comprend donc que **la lecture et le savoir** (en histoire, en politique…) sont **essentielles pour ne pas se faire manipuler**.

Le **support audiovisuel** (vidéos) a aussi une certaine place dans le roman. On le constate assez rapidement, avec la vidéo sur la Shoah, diffusée devant les élèves.

On s'aperçoit que la Vague est à la fois **créée et détruite grâce au pouvoir du film** :

- La **vidéo sur la Shoah et les camps de concentration** indigne les lycéens : Ils jurent qu'ils ne seront jamais sous l'emprise d'un groupe, qu'ils ne suivront jamais l'autorité de façon aveugle !
- La **vidéo d'Hitler** faisant un discours est ce qui **brise le pouvoir des membres de la Vague**, à leur dernier rassemblement. Ils réalisent leur erreur. Ils comprennent qu'**ils peuvent, eux aussi, se faire manipuler**.

Il y a une **inversion intelligente et paradoxale** à l'œuvre ici :

- Ce qui **crée** la Vague est le film qui a dévoilé le côté affreux du nazisme (les images des camps), lorsque le nazisme s'est terminé.
- Ce qui **termine** la Vague est un discours d'Hitler parlant au peuple. Ce sont ces discours qui l'ont aidé à gagner en popularité et à arriver au pouvoir.

Par ailleurs, lorsque nous rencontrons Ben Ross pour la première fois, il a des **problèmes avec le projecteur de films**. Cette maladresse est **très symbolique** : elle se reflète dans la difficulté avec laquelle il gère la Vague. Ainsi, M. Ross perd le contrôle du mouvement qu'il a créé, comme le monstre de Frankenstein qui effraye son propre créateur (le docteur).

Dans l'histoire élaborée par Mary Shelley et publiée en 1818, le docteur **Victor Frankenstein** *crée un monstre, mais cette créature lui fait tellement peur qu'il décide de s'enfuir. Le monstre veut survivre par lui-même mais est rejeté, car il a une* ***apparence horrible****. Il est même chassé par une famille qui l'avait accueilli. Écœuré, le monstre devient méchant et veut retrouver son maître pour le punir et se venger.*

Dans le roman de Todd Strasser, la Vague lancée par Ben Ross échappe, elle aussi, au contrôle de son créateur. Ses conséquences auraient pu être dramatiques. Heureusement, l'histoire se finit bien… mais pas dans le film allemand, sorti en 2008 : Robert se suicide avec une arme à feu, car il ne supporte pas que le mouvement de la Vague, qui lui a donné une raison de vivre, s'arrête.

Rappelons que le cinéma a une place importante dans nombre de régimes politiques modernes, et cela vaut en particulier pour les dictatures. Ainsi, le IIIème Reich d'Adolf Hitler a sollicité des réalisateurs de films, dans le but de faire de la **propagande et attirer la sympathie des gens**.

On peut penser aux films de propagande de la réalisatrice **Leni Riefenstahl**, qui a produit ***„Triumph des Willens“*** (« *Triomphe de la volonté* », tourné pendant le rassemblement de Nuremberg en 1934) et ***„Olympia“*** (sur les jeux olympiques de Berlin en 1936). Ces deux films ont fait forte impression.

D'autres pouvoirs ont aussi utilisé les films pour passer leurs idées : on peut penser à l'URSS de Staline, avec le célèbre film ***Le Cuirassé Potemkine*** (1926), et plus généralement les films du réalisateur Sergueï Eisenstein.

En France et dans d'autres pays, **les cinémas étaient le lieu où le pouvoir pouvait faire passer des messages et encourager le peuple**, quitte parfois à occulter la vérité. Ainsi, les « ***actualités cinématographiques*** » (1907-1960 environ) étaient diffusées dans les salles, afin que les Français soient informés de l'actualité.

Ces informations étaient soumises à un certain **contrôle gouvernemental**, notamment pendant les deux grands conflits mondiaux.

*

Aujourd'hui encore, **le cinéma reste un important outil d'influence** (on l'appelle le ***Soft Power***, c'est-à-dire le « *Pouvoir Doux* »). Un exemple de cette emprise est l'accent souvent mis sur le rôle décisif des Américains lors de la Seconde Guerre mondiale (avec des films très nombreux sur le sujet). Or, il ne faut pas oublier que c'est l'URSS qui a subi le plus grand nombre de victimes, avec 8 600 000 morts parmi les militaires ! Les États-Unis ont connu presque 30 fois moins de pertes : environ 300 000 militaires américains sont morts au cours du conflit.

QCM (questionnaire à choix multiples)

1. **Sur quoi porte la compétition entre Brian Ammon et Deutsch ?**
    a. Obtenir les meilleures notes en classe d'histoire.
    b. Plaire à Amy, l'amie de Laurie.
    c. Avoir la place de titulaire dans l'équipe.
    d. Devenir le garde du corps du professeur Ross.
2. **Pourquoi Laurie Sauders mâchouille son stylo ?**
    a. Elle a peur d'avoir de mauvais résultats scolaires.
    b. Elle résiste à l'envie de fumer.
    c. Elle est inquiète par rapport à David.
    d. Aucune des réponses précédentes.
3. **Combien de temps l'expérience *la Vague* devait durer, pour Ben Ross ?**
    a. Une semaine.
    b. Le temps de trois cours.
    c. Le temps d'un seul cours.
    d. Indéfiniment (pas de fin prévue).
4. **Qui Alex Cooper et Cari Block prétendent-ils être à un moment donné ?**
    a. Le principal Owens.
    b. Le professeur Ben Ross.
    c. Amy Smith.
    d. Le président Reagan.
5. **Quel élève David Collins découvre-t-il devant le miroir des toilettes, en train de répéter les gestes enseignés par M. Ross ?**
    a. Deutsch.
    b. Robert Billings.
    c. Amy Smith.
    d. Brian Ammon.
6. **Dans quel magazine Ben Ross voudrait que la Vague fasse l'objet d'un article ?**
    a. Newsweek.
    b. Le Time.
    c. Le New Yorker.
    d. Chroniques de l'enseignement supérieur.
7. **Qui Ben Ross sollicite-t-il pour élaborer la surprise du dernier meeting de la Vague ?**
    a. Deux joueurs de l'équipe de football.
    b. Robert Billings et Brian Ammon.
    c. Deux membres du journal du lycée.
    d. Son épouse Christy Ross et l'entraîneur Schiller
8. **Laquelle de ces phrases n'est pas un slogan de La Vague ?**
    a. La force par la discipline.
    b. La force par la communauté.
    c. La force par l'entraide.
    d. La force par l'action.

9. **À qui Laurie fait-elle lire son éditorial en avant-première, avant qu'il ne soit publié dans le *Gordon Grapevine* ?**
   a. À sa camarade Amy.
   b. À son petit-ami David.
   c. À ses parents.
   d. À son professeur d'histoire Ben Ross.
10. **Quel est le résultat de l'affrontement avec l'équipe de Clarkstown ?**
   a. L'équipe du lycée Gordon remporte le match de justesse.
   b. Les jours du lycée Gordon subissent une lourde défaite.
   c. Le match est annulé suite à l'agression du jeune Juif.
   d. Le lycée Gordon gagne largement contre Clarkstown.
11. **Quand David réalise-t-il que La Vague est allée trop loin ?**
   a. Lorsque le garçon juif est tabassé.
   b. Quand Robert Billings se met à pleurer.
   c. Quand il pousse Laurie par terre pendant une dispute.
   d. Il ne réalise pas une seule fois que la Vague est allée trop loin.
12. **Quelle est la question rhétorique que l'auteur de lettres anonyme pose à la fin de son article ?**
   a. « *Quand est-ce que cela s'arrêtera ?* »
   b. « *Si ce n'est pas maintenant, ce sera quand ?* »
   c. « *Trop tard pour quoi ?* »
   d. Il n'y a pas de question rhétorique.
13. **Sur quoi Ben Ross complimente Robert Billings à la fin du roman ?**
   a. Sur ses vêtements.
   b. Sur sa posture.
   c. Sur son engagement dans la Vague.
   d. Aucune de ces réponses.
14. **Qui a d'abord mis en garde Ben Ross sur le risque d'être emporté par sa propre expérience ?**
   a. Coach Schiller.
   b. Laurie Saunders.
   c. Principal Owens.
   d. Christy Ross.
15. **Avec quel film Laurie compare-t-elle La Vague ?**
   a. Le Bon, la Brute et le Truand.
   b. Starship Troopers.
   c. La Nuit des morts-vivants.
   d. La Fièvre du samedi soir.

Réponses du QCM

1. c) 2. b) 3. c) 4.) a 5.) b 6.) b 7.) c 8.) c 9.) a 10.) b
11.) c 12.) c 13.) a 14.) d 15.) c

Pour aller plus loin

On pourra se référer à d'autres ressources pour développer les idées présentes dans *la Vague*.

L'expérience de Stanley Milgram

Cette expérience réalisée entre 1960 et 1963 illustre à quel point l'homme peut **se laisser manipuler par une autorité**.

Le psychologue Stanley Milgram (1933-1984) a souhaité vérifier le principe de « **banalité du mal** ». Il a choisi plusieurs personnes pour faire une étude.

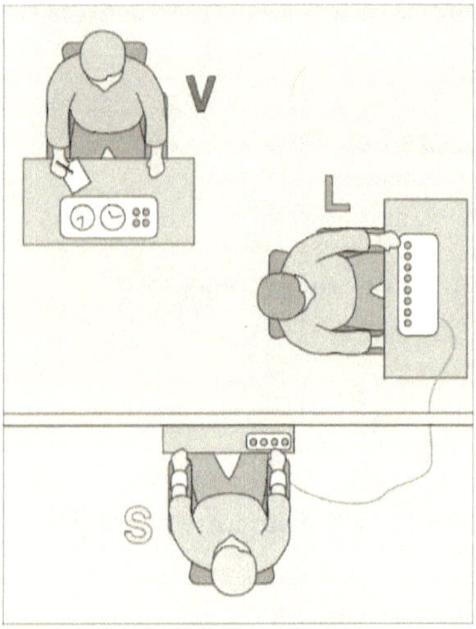

Voici son expérience : le sujet s'assoit à une table (**L**). À côté de ce sujet se trouve un homme en blouse (**V**, complice de l'expérience). Il est sûr de lui et incarne un technicien ou un scientifique (figure d'autorité).

Un autre homme (**S**, lui aussi complice), séparé par un miroir sans teint, est assis sur une (fausse) chaise électrique. Il ne voit pas les deux hommes qui sont placés derrière la vitre sans teint.

L'homme assis sur la fausse chaise électrique doit mémoriser des mots. S'il fait une erreur, on demande au sujet (L) de lui infliger une **décharge électrique**.

La décharge augmente à mesure des erreurs. L'homme assis mime la douleur à chaque fois (les décharges sont en réalité fausses)

Si le sujet hésite à infliger des décharges, le technicien l'incite à le faire.

L'étonnant dans cette expérience, c'est que **la grande majorité des sujets se soumettent aux ordres du technicien** (l'autorité) même s'ils constatent que l'homme assis souffre à cause des décharges électriques.

Au total, sur les 40 personnes, 25 sont allés jusqu'à donner la décharge maximale.

Le **niveau d'obéissance maximum a été de 62,5 % (les sujets envoient trois décharges maximales)**, pourtant, avant l'expérience, 39 médecins-psychiatres avaient estimé que seulement 0,1 % des sujets iraient jusqu'au bout !

Que conclure ? Cette expérience montre que l'être humain peut être assez facilement manipulé par une **figure d'autorité** (il peut s'agir d'un scientifique mais aussi de toute personne en position d'autorité : un **dirigeant politique**, un **chef d'entreprise**, un **professeur** – on le voit dans *la Vague* – et même **un parent**).

Notons que le **résultat de l'expérience peut varier selon l'époque** : dans les années 1967-1968, période de contestation politique, les sujets de l'expérience se soumettaient moins facilement à l'autorité.

Autres ouvrages du même auteur

Fiches de lectures illustrées

- « *Fiche de lecture illustrée - Rhinocéros, d'Eugène Ionesco* »
- « *Fiche de lecture illustrée - La Ferme des Animaux, de George Orwell* »
- « *Fiche de lecture illustrée - L'Étranger, d'Albert Camus* »
- « *Fiche de lecture illustrée - Candide, de Voltaire* »
- « *Fiche de lecture illustrée - L'Ingénu, de Voltaire* »
- « *Fiche de lecture illustrée - Oh les beaux jours, de Samuel Beckett* »
- « *Fiche de lecture illustrée - Les Bonnes, de Jean Genet* »
- « *Fiche de lecture illustrée - Inconnu à cette adresse, de Kressmann Taylor* »
- « *Fiche de lecture illustrée - La Controverse de Valladolid, de Philippe Claudel* »
- « *Fiche de lecture illustrée - Cannibale, de Didier Daeninckx* »
- « *Fiche de lecture illustrée - La petite fille de Monsieur Linh, de Philippe Claudel* »

Divers

- « *J'apprends le français ! - Exercices de français avec corrigés (Niveaux A2 à B1)* »
- « *J'apprends à lire et à écrire - Exercices d'écriture et de lecture du français (pour débutants ; alphabétisation)* »
- « *Comment réussir ses études : conseils et méthodes pour exceller après le bac* »
- « *L'essentiel du livre : L'homme le plus riche de Babylone* »

Un mot de l'auteur

Mon objectif était de vous apporter le maximum d'informations autour de cette œuvre, en un minimum de temps. Même si Internet est une mine d'or d'informations, il est difficile de trouver les ressources essentielles et de les synthétiser. Conscient des difficultés à comprendre et mémoriser les œuvres littéraires, j'ai eu l'intention de faciliter les choses aux étudiants. J'espère avoir atteint cet objectif.

Si vous avez apprécié cette fiche, je vous serais très reconnaissant de déposer un avis positif sur la page internet livre. Ces avis représentent une vraie récompense pour le gros travail réalisé afin de créer cet ouvrage.

N'hésitez pas à me contacter sur cet e-mail, pour toute remarque ou suggestion : *editions.lippold@gmail.com*.

Je vous souhaite une très bonne continuation et beaucoup de réussite dans vos projets.

Frédéric Lippold

Mentions légales

Photo de couverture : *AzDude*

Crédits photo : Pixabay, Cubberley Catamount archives, Wikimedia Commons

Contact : *contact@exercices-a-imprimer.com*

www.ingramcontent.com/pod-product-compliance
Lightning Source LLC
Chambersburg PA
CBHW021339160726
47994CB00007B/2777
9798223965312